Pequeña biografía de la filosofía francesa

de Montaigne a nuestros días

Stephen Gaukroger y Knox Peden

Pequeña biografía de la filosofía francesa

de Montaigne a nuestros días

Traducción de Gonzalo del Puerto Gil

Alianza editorial
El libro de bolsillo

Título original: *French Philosophy: A Very Short Introduction*

French Philosophy: A Very Short Introduction ha sido publicado originalmente en inglés en 2020. Esta traducción se publica por acuerdo con Oxford University Press. Alianza Editorial es la única responsable de la traducción de la obra original y Oxford University Press no será responsable de ningún error, omisión, imprecisión o ambigüedad en dicha traducción ni de cualquier problema derivado de la confianza depositada en Alianza Editorial.

Diseño de colección: Estrada Design
Diseño de cubierta: Manuel Estrada
Fotografía de Javier Ayuso

PAPEL DE FIBRA
CERTIFICADA

© Stephen Gaukroger and Knox Peden, 2020
© de la traducción: Gonzalo del Puerto Gil, 2025
© Alianza Editorial, S. A., Madrid, 2025
 Calle Valentín Beato, 21
 28037 Madrid
 www.alianzaeditorial.es

ISBN: 978-84-1148-943-0
Depósito legal: M. 165-2025
Printed in Spain

Si quiere recibir información periódica sobre las novedades de Alianza Editorial, envíe un correo electrónico a la dirección: alianzaeditorial@anaya.es

Índice

1. Introducción

El importante papel que la filosofía, siempre estrechamente vinculada a controversias tanto políticas, religiosas y literarias como epistemológicas y científicas, ha venido desempeñando en la cultura francesa desde la época moderna en adelante hace de esta algo único. La literatura filosófica universal existió mientras el latín fue la lengua del saber. Sin embargo, con la aparición de las literaturas en lengua vernácula, surge en Francia una forma distintiva de filosofía, pese a que las principales figuras de la filosofía del siglo XVII, Gassendi y Descartes, publicaran primero su obra en latín (en el caso de Descartes, pronto seguida de versiones francesas).

La primera obra filosófica publicada en francés fue los *Ensayos* de Montaigne (1580). El paso de escribir en lengua vernácula fue, por sí mismo, algo radical, ya que el latín era no solo la lengua de la escolarización, sino que, en los países católicos, tenía la consideración de lengua sagrada. Las naciones europeas eran, para la Iglesia, una sola familia bajo el liderazgo del papa, y el latín, la lengua común de esta familia. El padre de Montaigne se preocupó de que la primera lengua de su hijo fuese el latín, y en los colegios del siglo XVII, en el de Descartes, por ejemplo, se castigaba hablar francés, ya que el latín era la lengua de los hombres de letras, lo que no significaba que el francés fuese la lengua de los iletrados. En la época de la Revolución, en Francia, el francés era la lengua mayoritaria en solo quince de los ochenta y nueve departamentos del país, y compartía protagonismo con el alemán, así como con el vasco, el bretón, el occitano, el provenzal y otras lenguas locales. Una de las principales cruzadas de la Revolución fue, de hecho, hacer del francés la lengua de Francia. En el siglo XVIII el francés vino a reemplazar al latín como lengua de erudición, lo que supuso que algunos filósofos de otras nacionalidades escribiesen en esta lengua. Un ejemplo: el alemán Leibniz escribió una de sus obras más importantes en francés. Desde este punto de vista, la «filosofía francesa» no es obviamente tal antes del siglo XIX, a pesar de lo cual el trabajo de los filósofos francófonos, aun cuando ocasionalmente escribiesen en latín, era peculiar, y es esta peculiaridad lo que nos proponemos rastrear.

La «filosofía» en la Edad Moderna comprendía la filosofía natural («la ciencia») y tanto la teología como la metafísica y la ética. Desde mediados del siglo XVIII llegó a relacionarse íntimamente con posiciones políticas radicales, en pensadores como Voltaire y Diderot, y jugó un papel importante en la formación de la Revolución francesa. La Revolución, a su vez, ofreció un punto de referencia a los pensadores del siglo XIX como Comte, quien propuso una versión de la ciencia y la política («la sociología») basada en un novedoso fundamento «positivista».

Aunque la filosofía se profesionalizó en Francia a finales del siglo XIX, no lo hizo siguiendo la orientación teológica alemana, y, a diferencia de la filosofía en lengua inglesa, preservó su importancia en la vida cultural francesa más allá del ámbito académico. El *philosophe* de la Ilustración se encarnó en la figura del intelectual que emergió en la *belle époque,* en continuidad con lo que aún hoy identificamos como «la intelectualidad».

Los primeros años del siglo XX asistieron a la reformulación de ciertas tendencias decimonónicas. El espiritualismo preparó el terreno del vitalismo que promoviera Henri Bergson. Y el racionalismo comteano condujo al surgimiento de una forma afín a la ciencia del neokantismo en los escalones superiores de la filosofía académica francesa. Transversales a estos compromisos fueron las posiciones sobre el estatuto de la República Francesa en su relación con la mentalidad católica. La Primera Guerra Mundial supuso un jarro de agua fría por cuanto hizo añicos la confianza de la generación joven en el conocimiento político filosófico de sus predecesores, de izquierdas o de derechas. Acabada esta, algunos filósofos alemanes y de países más al este introdujeron la fenomenología y otras tradiciones existencialistas en la filosofía francesa. Estas ideas nuevas fueron recibidas con gran entusiasmo.

La historia de la filosofía francesa del siglo XX está marcada, por un lado, por el impacto de desarrollos teóricos llegados de fuera, sobre todo los de la fenomenología alemana, pero también por una herencia centrada en la historia de la filosofía en tanto que disciplina humanística y por un conflicto aparentemente perenne entre las tendencias religiosas y seculares de la tradición. A lo largo de esta historia, la relación culturalmente privilegiada de la filosofía con la política francesa, y en particular con la política radical de izquierdas, ha sido una constante. El impacto de la «teoría francesa» en el mundo ha dado forma a nuestra comprensión de los acontecimientos internos del pensamiento francés reciente concentrando nuestra atención en la relación entre el estructuralismo y el posestructuralismo. Pero el hilo conductor de esta historia reciente ha sido el dilema planteado entre una concepción marcadamente nacionalista de la filosofía y la cultura filosófica, que se arroga, no obstante, el derecho y la competencia para hablar de asuntos de interés universal.

Una gran parte de la grandeza de la filosofía francesa procede de este sentido de vocación que se retrotrae a la Grecia antigua. Pero esta virtud puede ser también un vicio, ya que, en ocasiones, puede atribuir superioridad a la innovación (o su apariencia) a expensas de otros valores. Sin embargo, atender a asuntos conflictivos a lo largo de la historia de la modernidad occidental coloca a la filosofía en un lugar privilegiado desde el que pensar esa historia. Del mismo modo que la política francesa ha sido durante mucho tiempo tanto el espejo como la alternativa a las vicisitudes del liberalismo de habla inglesa, la filosofía francesa tiende a provocar reacciones vehementes en los lectores de esta lengua. En este libro nos aproximamos a la filosofía francesa a través de su historia, pero también nos proponemos facilitar resúmenes de pensadores y textos de importancia. La filosofía francesa supone a menudo tanto un reto como un motivo para la fascinación. Confiamos en que este libro muestre que dedicarse a ella es también, en definitiva, gratificante y que anime a los lectores a que la exploren por sí mismos más comprehensivamente.

2. El origen de la filosofía francesa

Montaigne

Aunque en la universidad y en los cursos de filosofía de bachillerato suele considerarse que la filosofía francesa comienza con Descartes, en realidad empieza cincuenta años antes, con los *Ensayos* (1580) de Montaigne (1533-1592). Además, mientras que las obras más conocidas de Descartes (1595-1650), como las *Meditaciones* y los *Principios de la filosofía,* aparecieron primeramente en latín, los *Ensayos* fueron escritos en francés. Sin embargo, las aportaciones de Montaigne permanecen en un área de sombra. Por una parte, se alinean en gran medida con aquel género literario del humanismo renacentista que combina preocupaciones morales, psicológicas y literarias, ampliamente formadas por la tradición de la filosofía estoica, contempla anécdotas y fragmentos autobiográficos y aborda igualmente la discusión de problemas filosóficos. Por otra, suponen el inicio de la discusión en torno a la naturaleza del conocimiento y la creencia que habría de conformar la clase de filosofía moderna que asociamos a Descartes y sus seguidores.

¿Cómo se produjo esta transición? Los *Ensayos* de Montaigne constituyen un ejercicio de autoexploración que arranca en clave humanística con el objetivo de descubrir la naturaleza humana universal. Lo que acaba haciendo Montaigne es, sin embargo, algo completamente distinto: descubrirse a sí mismo, sus pensamientos, sentimientos, emociones; algo separado no solo del mundo empírico sino de otros sujetos. No es que la subjetividad concebida como una naturaleza humana esté amputada de la naturaleza empírica, sino más bien que el yo está amputado de la naturaleza empírica y, ciertamente, también de los otros yoes. Descartes desplegará esta visión del yo —un yo que tiene identidad propia con independencia de la relación que mantenga bien con el mundo empírico, bien con otros seres— en un contexto epistemológico, de modo que el lugar del conocimiento del mundo empírico estará separado del mundo empírico. Sin embargo, la transición entre lo que se propone Montaigne y lo que se propone Descartes no es continua. Hay dos diferencias bien marcadas entre Montaigne y la filosofía moderna del tipo que encontramos en Descartes.

La primera se refiere al escepticismo. Pensamos a menudo que Montaigne fue el primero en formular el escepticismo en la filosofía moderna, pero lo que en realidad ofreció es una mezcla de escepticismo y relativismo. El escéptico arguye que el mundo existe de un modo determinado —contiene, por ejemplo, objetos concretos organizados de un modo definido— pero que no podemos saber cómo es. El relativista, por el contrario, argumenta que no hay modo en que el mundo pueda ser: hay diferentes visiones del mundo que dependen únicamente de los intereses y valores de quien sostiene esas teorías y ninguna es mejor que otra. Por ejemplo, en el ensayo que suele identificarse como aquel en que Montaigne defiende el escepticismo, la «Apología de Raimundo Sabunde», el ejemplo que da —lo que es verdadero en un lado de la montaña es falso en el otro; nos escondemos cuando mantenemos relaciones sexuales mientras que los indios copulan en público— sugiere relativismo más que escepticismo. El discípulo de Montaigne, Pierre Charron (1541-1603), en su muy célebre *De la sabiduría* (1601), refuerza esta interpretación cuando afirma que la razón humana es una «herramienta errante, cambiante, distorsionante, variable»; que no hay razón que no tenga su opuesta, y que «lo que es abominable en un lugar es piadoso en otro». Pero si Montaigne no distingue claramente entre escepticismo y relativismo, Descartes, ciertamente, lo hace, y el escepticismo es crucial para su programa epistemológico.

En un espíritu muy afín al del humanismo, el segundo rasgo distintivo de la filosofía de Montaigne es el de abordar de un modo tanto psicológico como epistemológico cuestiones que con posterioridad se considerarán epistemológicas. Este género concede un papel primordial a los asuntos morales, sobre todo al referente a cómo vivir la propia vida. A Descartes le preocupan, claro, estos asuntos, particularmente al final de su vida, pero su preocupación fundamental es la filosofía natural y su defensa epistemológica. Las cuestiones morales tienden a encajar torpemente en su modo de filosofar y acaso puedan legítimamente considerarse meros añadidos.

Gassendi

No obstante, la línea que separa el punto de vista humanístico de Montaigne del de Descartes no es absoluta. En muchos sentidos, Pierre Gassendi (1592-1655), contemporáneo casi exacto de Descartes, se movió en un ámbito intermedio entre uno y otro. Aunque la filosofía natural de Gassendi es formalmente una teoría sistemática de la materia —de hecho, junto al cartesiano, es uno de los dos grandes sistemas mecanicistas de la segunda mitad del siglo XVII—, llegó a la filosofía natural por un camino muy diferente al de Descartes, los estudios humanísticos, de modo que su perspectiva no puede ser más distante de la de este. Una de sus principales preocupaciones fue la de aportar pruebas históricas en favor de las tesis de su filosofía natural. Su objetivo era establecer que el atomismo había sido preeminente en la tradición filosófico-naturalista de la Antigüedad, así como mostrar con todo detalle que este hecho había quedado oscurecido por una combinación de críticas malintencionadas y erróneas, de raíz fundamentalmente aristotélica. De este modo, arguye Gassendi, el atomismo, y no el aristotelismo, es el sistema más fiable de la filosofía natural y, en consecuencia, el mejor aliado del cristianismo.

El epicureísmo cristianizado de Gassendi pertenecía al género del aristotelismo cristianizado y al del neoplatonismo cristiano, y una buena parte de sus esfuerzos se dirigieron a buscar puntos comunes y a encontrar nuevos planteamientos que posibilitasen la reconciliación de dos sistemas que eran, en muchos sentidos, dispares y contradictorios. Hasta cierto punto tuvo éxito en esa labor, y el gassendianismo rivalizó con éxito con el cartesianismo como filosofía natural predominante hasta finales del siglo XVII.

Descartes

Descartes representa para los orígenes de la filosofía moderna lo que Platón para la filosofía antigua. Ambos dieron forma a su materia, establecieron los problemas principales y propusieron soluciones que serían discutidas a continuación. Las disputas en torno al pensamiento de Descartes ayudaron a conformar el pensamiento francés de los siglos XVIII y XIX. Pero sus preocupaciones diferían en alguna medida de los análisis que sobre su obra llevaron a cabo filósofos de siglos posteriores a él. En particular, como sus contemporáneos, sus preocupaciones principales giraban en torno a la filosofía natural —las matemáticas, las ciencias físicas y las ciencias de la vida—, aunque fueron sus incursiones en la epistemología las que le granjearon reputación los siglos siguientes.

Las matemáticas fueron el primer interés de Descartes. En torno a 1619 comenzó a reflexionar sobre un instrumento denominado compás de proporciones: un compás con cuatro brazos, graduados por unidades, unidos de tal modo que su apertura permitiese la lectura de relaciones proporcionales. Lo interesante del compás era que permitía abordar un problema aritmético, el del interés compuesto, y uno geométrico, el de la trisección de un ángulo. Tradicionalmente, la aritmética y la geometría pasaban por ser disciplinas distintas y autónomas, que se ocupaban de magnitudes discontinuas y continuas, respectivamente. Pero este instrumento abarcaba ambas y Descartes se percató de que la teoría de la proporción era una disciplina matemática que subsumía tanto a la aritmética como a la geometría. Al desarrollar la teoría de las proporciones, Descartes se movió hacia lo que denominó «matemática universal»: en esencia, una forma de álgebra, una potente superdisciplina capaz de abarcar todas las disciplinas cuantitativas particulares, incluyendo áreas tales como la óptica geométrica y la acústica. Partiendo de aquí, postuló la disciplina más general, la del «método universal», que, supuestamente, proporcionaría el método de descubrimiento de cada área de conocimiento. A la vez, Descartes trabajaba en óptica, tratando de averiguar qué forma de lente sería capaz de reducir la distorsión, y en el curso de su trabajo, descubrió la ley de la refracción: la ley que describe la curvatura del rayo de luz que se mueve de un medio a otro. Cuando no trabajaba en óptica, se dedicaba a la fisiología, y es comúnmente aceptado que fue él quien descubrió el acto reflejo.

A finales de la década de los veinte del siglo XVII, Descartes comenzó a interesarse seriamente por la naturaleza de la materia y el movimiento, desarrollando una ingeniosa defensa de la teoría heliocéntrica: la teoría de que la Tierra gira en torno al Sol. Elaboró una compleja concepción de la física y la cosmología, secundada por una igualmente ambiciosa de la fisiología que interpretaba los procesos fisiológicos en términos mecánicos, es decir, en términos de materia en movimiento. Pero a finales de 1633 se enteró de la condena eclesiástica de Galileo e, incapaz de publicar, dejó aparcado su trabajo. La esencia del argumento eclesiástico había sido que la filosofía natural, cuya condición era hipotética, no podía usarse para fundamentar el heliocentrismo en oposición a la autoridad bíblica. En otras palabras, el problema básico lo constituía la condición hipotética de la ciencia natural. La reacción de Descartes fue la de preguntar cómo podría la ciencia natural desprenderse de su condición de saber hipotético, lo que lo llevó a preguntarse si había un tipo de conocimiento capaz de comportar certeza absoluta.

Encontró la respuesta creando una especie de escepticismo de nuevo cuño. Comparado con las viejas formas de escepticismo, el nuevo tenía dos rasgos distintivos: atañía a las pretensiones del conocimiento y era hiperbólico, es decir, se orientaba a todo aquello que percibimos como cierto. En lo relativo al primer asunto, el escepticismo antiguo no se orientaba a las pretensiones del conocimiento, sino a las creencias. Los escépticos antiguos, los pirrónicos, cuestionaban las creencias. Su intención era mostrar que, dada una opinión cualquiera, siempre habría una opinión contraria basada en razones tan convincentes que la primera. En consecuencia, no existiría razón alguna para sostener una creencia sobre cualquier otra. A Descartes no le preocupaban las opiniones. Para él, todos tenemos derecho a tener nuestras propias opiniones, siempre que no pretendamos que pasen por conocimiento. Lo que le interesaba eran nuestras pretensiones de conocer cosas, y su tesis era que podemos dudar mucho más de lo que nos figuramos. La duda hiperbólica cuestiona cosas de las que se tiene certeza: por ejemplo, que tenemos cuerpo, o que existe un mundo físico exterior. Para comprender las razones por las que Descartes fue capaz de plantearse tal duda, debemos retomar el modo en que entendía los poderes de Dios. Los cristianos pensaban que Dios era omnipotente, si bien, ocasionalmente, los teólogos medievales se enfrentaron a problemas lógicos relacionados con la omnipotencia, tales como el de si Dios podía crear una piedra tan pesada que incluso él mismo fuese incapaz de levantarla. Para algunos teólogos medievales, la omnipotencia de Dios era aplicable incluso a las verdades lógicas y matemáticas, pues podía cambiar las verdades elementales de la aritmética para que, por ejemplo, dos más dos fuese igual a cinco. El punto de vista de Descartes era que, aunque nosotros no seamos capaces de comprender qué sentido pueda tener que dos más dos sea igual a cinco, lo que podemos comprender no limita los poderes de un Dios omnisciente y omnipotente. En las *Meditaciones*, de 1641, Descartes transfiere la duda hiperbólica de Dios a un «demonio maligno», entidad hipotética capaz de hacernos confundir nuestros conocimientos más elementales, incluso aquellos de los que podemos tener certeza absoluta. Pero, como es bien sabido, hay una afirmación que dicha duda es incapaz de menoscabar: el conocimiento de mi propia existencia, ya que del mismo hecho de dudar se sigue que debe existir alguien que duda.

En las *Meditaciones*, la teoría del conocimiento, la epistemología, ocupa por primera vez el lugar central de la filosofía, y lo hace de un modo especialmente dramático: facilitando un revulsivo mental que hasta entonces solo había podido encontrarse en la literatura religiosa. Esta pone en serios apuros al sujeto cognoscente al exigirle que justifique todo aquello que considera conocimiento, hasta lo más trivial en apariencia. Tal exigencia de justificación se formula como si la propia vida de cada sujeto cognoscente dependiese de ella, precisamente para mostrar, que es lo que Descartes pretende, que nuestra vida cognitiva depende, efectivamente, de aquella. Las *Meditaciones* tratan de hacernos responsables de nuestra propia vida cognitiva del mismo modo que los textos devocionales de la Reforma y la Contrarreforma —que trasladaron en bloque a la población una serie de normas morales muy estrictas, junto con exigencias de autovigilancia que durante la Edad Media habían sido privativas de la cultura monástica— nos hacían responsables de hasta los pormenores más insignificantes de nuestra vida cotidiana. Con Descartes, la filosofía se vuelve personal. No es ya privativa o asunto exclusivo del clero. En efecto, el punto de vista cartesiano sostiene que la persona mejor dispuesta para la filosofía es aquella cuya mente no ha sido corrompida por la escolástica. La naturaleza de la filosofía se transforma, aunque de algún modo regresa a la idea del filósofo que retratara Sócrates en los primeros diálogos platónicos, alguien carente de formación específica alguna pero que no da nada por sentado, lo examina todo concienzudamente y lo cuestiona.

El conocimiento indudable que acaba de desvelar le sirve a Descartes de modelo y punto de partida para descubrir cómo formular aserciones cognitivas indubitables. Sin embargo, su objetivo no es el de rehabilitar proposiciones invalidadas por dudas injustificables, sino fundamentar un criterio mediante el cual sea posible reconocer el conocimiento genuino, a saber, el de «lo claro y distinto». Solo si soy capaz de concebir algo de un modo claro y distinto, tengo derecho a llamarlo «conocimiento»; y, en el caso del mundo físico, la única vía que conduce al concepto claro y distinto es la matemática. Reconstruir el mundo de los fundamentos matemáticos es la labor que Descartes asigna a los *Principios de la filosofía* (1644), que comienza retomando el argumento de las *Meditaciones* —que solo fue siempre una propedéutica para los *Principios*— con el fin de fundamentar, a continuación, su teoría de la materia y el movimiento para, partiendo de aquí, explicar cómo es posible demostrar que la Tierra y los planetas deban girar en torno al Sol y que es imposible que suceda de otro modo.

Pero el paso de la duda a la construcción de una imagen científica del mundo natural, que Descartes pretende, desafía las conclusiones a las que llega con otras tantas interrogantes fundamentales. En el primer ejemplo, a lo que nos empuja la duda es a la subjetividad, y ciertamente la duda epistemológica se alinea con la perspectiva del sujeto. El escepticismo antiguo, el pirronismo, se habría referido constantemente a los estados subjetivos, y ciertamente hizo lo que uno pensaría relativo a una serie completa de estados subjetivos —ira, amor, familiaridad, hábito, punto de vista religioso, etc.— que Descartes ni siquiera nombra. Sin embargo, se las arregla para que toda la cuestión de la legitimación gire en torno al sujeto. Aunque le preocupan asuntos tales como qué hay en la percepción que se deba a quien percibe y qué que se deba al mundo, esto, en sí mismo, no suscitaría preocupación por la subjetividad. El pirronismo no terminó distanciándonos del mundo, por ejemplo; por el contrario, demostró que estamos tan integrados con el mundo que sus mismos rasgos particulares dan forma a nuestra experiencia de él, lo que imposibilita trascender tal particularidad en el esfuerzo de encontrar condiciones óptimas para la cognición.

La duda cartesiana nos empuja en la dirección contraria, lo que Descartes consigue desarrollando y transformando el concepto montaigneano de subjetividad. A la vez, logra transformar, de un modo mucho más decisivo que el de todos sus antecesores, el objetivo de la metafísica sustituyendo la pregunta ¿cómo es el mundo? por la de ¿cómo es el mundo *con independencia de nosotros*? Esto hace imprescindible la investigación sobre «nosotros». Preguntar cómo es el mundo con independencia de nosotros en lugar de simplemente cómo es el mundo incorpora a la metafísica un componente hasta entonces ausente: la epistemología. Lo que hace Descartes es plantear la pregunta de cómo es el mundo independientemente de nosotros como una exploración de la naturaleza de la experiencia subjetiva y preguntar qué rasgos de tal experiencia nos autorizan a afirmar que esta sea conocimiento. Será útil distinguir cuatro aspectos del enfoque cartesiano.

Primero, Descartes supone que, incluso cuando se duda, es imposible dudar de que hay algo que está generando la duda, y pasa a preguntar por el sujeto de esta duda. El supuesto clave aquí es que existe aquello a lo que podríamos referirnos como un locus unificado de la subjetividad, un yo, que es el origen o el portador de la duda particular. El filósofo andalusí Averroes (1126-1198) había cuestionado tal idea de duda, y el debate seguía aún vigente en el siglo XVII. Averroes argumentaba que en el universo solo puede haber un intelecto, lo que impide identificarlo con el yo individual, como Descartes mantenía. Tal como lo describe el filósofo renacentista Zabarella (1533-1589), el intelecto

No se multiplica según el número de los hombres, sino que para toda la especie humana es numéricamente solo uno... Cuando un hombre cualquiera muere, este intelecto no perece, sino que permanece idéntico en número en aquellos que sobreviven.

El fundamento que subyace a este concepto de mente deriva de la doctrina aristotélica de que la forma pura no puede individuarse, de lo que se concluye que la mente incorpórea no puede individuarse y, en términos numéricos, no puede ser más que una. Esto plantea el problema teológico de que, si bien es compatible con la inmortalidad, no lo es con la inmortalidad personal.

Lo cual nos lleva al segundo problema, la cuestión de la identificación cartesiana del yo con algo intelectual, es decir, la mente. Descartes recurre a dos cosas llegado a este punto: arguye que la mente debe ser espiritual y supone que, al haberlo probado, ha probado a la vez que la mente es idéntica al yo. Ambas cosas son cuestionables. El modo en que fundamenta lo primero es desastroso. Su argumento es que yo puedo dudar de que mi cuerpo exista sin dudar de que yo exista, de lo que se sigue que la existencia de mi cuerpo no puede ser lo mismo que la existencia de mí mismo. En el cuarto grupo de objeciones de las *Meditaciones*, Arnauld señala que este razonamiento es bastante inválido. Para ello, considérese un caso paralelo. Puedo perfectamente dudar de que un triángulo equilátero tenga la propiedad de tener una hipotenusa cuyo cuadrado sea igual a la suma de los cuadrados de sus otros lados; pero no se sigue de ello que, porque yo pueda dudar de que un triángulo equilátero tenga esta propiedad, en realidad no la tenga. En una respuesta algo enrevesada, Descartes concede este argumento, manteniendo que la demostración real del carácter de la distinción entre mente y cuerpo se da únicamente en la Meditación sexta, aunque la «demostración» expuesta ahí afirme únicamente que tengo una idea clara y distinta de la mente, entendida como algo pensante e inextenso, y tengo una idea clara y distinta del cuerpo, entendido como no pensante y extenso, de modo que una y otro no pueden ser iguales. Pero también hay aquí un asunto más profundo en juego: identificar la mente con el «pensamiento» no equivale, automáticamente, a identificarla con el yo. Las principales doctrinas condenadas por la Iglesia habían sido el averroísmo y el alejandrismo. Ambas habían expuesto sus posturas sobre la cuestión de la naturaleza de la mente y habían mantenido que mientras las facultades corporales estaban activas, la mente individual actuaba por medio de esas facultades. Los alejandrinos argüían que tales facultades corporales deben ser constitutivas de la mente, ya que las formas deben siempre hallarse inscritas en la materia. Consecuentemente, una vez que, con la muerte, las facultades corporales dejan de estar activas, la forma del cuerpo, su alma, deja asimismo de existir. Una forma de sortear esta conclusión, para un cristiano aristotélico, era enfatizar la doctrina de la resurrección del cuerpo en el Juicio Final. La propia mente/forma se reuniría en ese momento con el propio cuerpo (renovado). Sin embargo, esta explicación presentaba problemas metafísicos, que se centraban en qué sucedía entre el momento de la muerte y el del Juicio Final: o, muy notoriamente, qué pasaba en el ínterin con la forma (que no puede existir sin estar inscrita en algo), y si podría decirse que la entidad que reaparecería en el Juicio Final era la misma persona que la que había muerto anteriormente. Atar la mente/alma al cuerpo resultaba claramente problemático. Por otro lado, disociar la mente del cuerpo, como hicieron los averroístas, era igualmente problemático, pues conducía a la incapacidad de individuar las mentes y a la identificación de unas con otras y, quizá, en última instancia, con Dios. El alejandrismo y el averroísmo fueron los peligros concurrentes que Descartes debía sortear para asentar la doctrina de la naturaleza de la mente. En este punto, se enfrentó a dificultades insuperables.

En tercer lugar está la cuestión de qué es lo propio del pensar en el que el sujeto pensante, la *res cogitans*, se ve involucrado. Tras el *Tratado del hombre*, resulta claro que Descartes debe reconocer alguna especie de pensamiento a los animales en la medida en que estos son capaces de discriminación perceptiva; sin embargo, el pensamiento tal como se concibe en las *Meditaciones* es algo en lo que la mente en sentido propio se ve involucrada, y no algo de lo que los animales sean capaces. Un rasgo distintivo es que el sentido de la percepción humana implica la conciencia de los propios estados perceptivos, mientras que el de los animales no. Es indudable que Descartes pensaba que esto era así. La cuestión es si esto, en sí mismo, es suficiente. ¿Qué tiene de especial la simple conciencia de los propios estados mentales? La opinión generalizada es que Descartes pensaba que la conciencia de los estados mentales propios era, de hecho, constitutiva del carácter único de la cognición humana. Pero ¿es para Descartes la conciencia de los propios estados mentales lo que constituye la vida mental de los seres humanos, o es tal conciencia un mero requisito, si la vida mental de los seres humanos ha de poseer los rasgos que tradicionalmente se le atribuyen, es decir, voluntad y capacidad de juicio? Lo que hace a los seres humanos capaces de juicio y volición es el hecho de que puedan reflexionar sobre sus propios estados mentales, mientras que los animales no. Esas funciones mentales tradicionales precisan conciencia de los propios estados mentales, y esta conciencia es distintiva de la cognición humana y está ausente en los animales, pero no les es constitutiva. La interpretación más perspicaz de la afirmación cartesiana es, correspondientemente, que la conciencia de los propios estados mentales es la clave de la diferencia entre las criaturas dotadas de mente y los animales, y que, sin tal conciencia, los rasgos característicos de la vida mental de los seres humanos no serían posibles.

En cuarto lugar está la cuestión de la naturaleza de la relación entre la mente y el cuerpo. En la Meditación sexta, Descartes critica una forma de dualismo platónico al señalar que:

La naturaleza me enseña, a través de las sensaciones de hambre, sed, etc., que no estoy meramente presente en mi cuerpo como un marinero está presente en un barco, sino que estoy muy íntimamente unido y, por así decir, entrelazado con él, de modo que el yo y el cuerpo forman una unidad.

La conciencia sensorial no es ni directamente corporal ni directamente intelectual. Más adelante, Descartes sostendrá que existen tres categorías «primitivas»: la extensión, el pensamiento y la «unión sustancial de mente y cuerpo», indicando con ello la seriedad con la que se tomaba esta cuestión.

La relación entre la mente y el cuerpo afecta a dos proyectos bastante distintos, según Descartes. El primero es el de la demostración de la inmortalidad del alma. En este caso, Descartes es un dualista sin reservas. El segundo es el de la comprensión de la cognición y las pasiones del alma: en este caso, el análisis cartesiano es válido solo si presupone una mente corpórea y no dice nada en cuanto a qué sea una mente incorpórea. Ahora bien, uno puede ser una suerte de dualista y argumentar que, aunque mente y cuerpo sean sustancias separadas, la mente debe siempre hallarse inscrita en la materia. No es esta la opinión de Descartes, pero cuando se estudia su discusión de la cognición y las pasiones, podría perdonársele a uno si pensase que, por el contrario, sí lo era. En su correspondencia con la princesa Isabel de Bohemia (1618-1680) complica aún más estas cuestiones la propuesta que hace Descartes de la idea de unión sustancial de mente y cuerpo, es decir, la doctrina de que igual que la mente y el cuerpo, deberíamos considerar la unión de ambas como una especie de tercera entidad. En una carta a Isabel se refiere a «tres clases de nociones primitivas», a saber, la mente, el cuerpo y la unión de las dos. Para expresar esta dificultad desde un punto de vista más moderno, deberíamos pensar en términos de una distinción tripartita entre mente incorpórea, cuerpo y mente corpórea.

Descartes tenía ante sí dos vías para responder a estos problemas. La primera, cortar la conexión entre mente y cuerpo, defendiendo alguna forma de ocasionalismo, doctrina según la cual mente y cuerpo actúan en tándem y no causalmente una sobre el otro. La segunda, conectar las operaciones de la mente y el cuerpo, más íntimamente de lo que habría sido esperable en un discurso dualista, a través de la doctrina de la unión sustancial.

Al enfrentarse a la cuestión de cómo interactúan mente y cuerpo, Descartes optó por la unión sustancial de mente y cuerpo en vez de por la vía ocasionalista. La doctrina de la unión sustancial minimiza la discontinuidad ontológica entre mente y cuerpo proponiéndose así desproblematizar su interacción. La solución ocasionalista toma el camino opuesto. Acepta que hay una discontinuidad insalvable entre mente y cuerpo y muestra que los acontecimientos en un nivel son acompañados, pero no afectados causalmente, por los acontecimientos en otro. Lo hace así porque el ocasionalismo niega la causa en el nivel natural, ya sea del tipo mente/cuerpo o del tipo cuerpo/cuerpo. En lo tocante a la relación entre mente y cuerpo, nos pide dos niveles de acontecimientos —uno físico, el otro mental— que no interactúan uno con otro sino que funcionan en tándem. Podría preguntarse cómo algo así puede ser posible. En el discurso ocasionalista no hay proceso causal entre un objeto físico y otro, no hay procesos causales entre mente y cuerpo y no hay procesos causales entre mentes. Solo Dios puede ser causa. Piénsese en cómo podrían describirse los acontecimientos en estos términos. Un cuchillo se hunde en tu pierna y sientes dolor. Visto desde el punto de vista del ocasionalismo, Dios es la causa de que el cuchillo se hunda en tu pierna y la causa de tu herida física; es también causa de tu dolor. No es la herida la que causa el dolor, sino Dios, que causa un estado mental particular al causar un estado corporal particular. Que Dios procediese de tal modo, podríamos pensar, resultaría particularmente ineconómico. Pero debe recordarse que, si se acepta la inmortalidad personal de un alma puramente espiritual, como solía hacer el ocasionalismo, entonces, al considerar nuestra interacción con otras cosas, el tiempo en que nuestro cuerpo está atado a un cuerpo en la tierra es infinitesimalmente pequeño, y nuestro tiempo en el cielo (o en otra parte), infinitamente largo. Merece asimismo la pena recordar que muchos filósofos que no fueron ocasionalistas y que ciertamente no apelaban a Dios en su discurso compartían con los ocasionalistas su interés por la causación física y la causación psicofísica. En el primer caso argüían que el cuerpo carece del poder de afectar a otros cuerpos, y que no hay causas reales en la naturaleza: los cuerpos simplemente obedecen a leyes generales, no actúan realmente unos con otros. Segundo, algunos filósofos, no esperando encontrar ya solución a la incógnita de cómo interactúan las mentes y los cerebros, se han limitado a ahorrarse las mentes, argumentando que pueden reducirse a cerebros.

Malebranche

El máximo defensor del ocasionalismo fue Malebranche. Su *Búsqueda de la verdad*, aparecida en 1674, dominó el pensamiento filosófico en el último cuarto del siglo XVII hasta que fue eclipsado, solo al acabar la centuria, por el *Ensayo* de Locke. Malebranche, en tanto cartesiano, creía estar desarrollando una particular vía fundamental del pensamiento de Descartes de un modo más lógico y más elaborado. Pero, al mismo tiempo, estaba hondamente vinculado a la obra de san Agustín.

El agustinismo experimentó una suerte de renacimiento en Francia a mediados del siglo XVII. Blaise Pascal (1623-1662) había enfatizado la naturaleza caída de los seres humanos y los límites que esta circunstancia ponía a su capacidad de entendimiento. Los límites eran severos, y quienes lo ignoraban eran irresponsables, en opinión de Pascal. Su escepticismo respecto de la razón y sus capacidades demostrativas llevaron a Pascal a concebir la fe como una suerte de decisión, el resultado de una apuesta en el orden esencial del universo que los pensadores posteriores llegarían a considerar protoexistencialista. En cuanto a la filosofía, un posible remedio se encuentra en la doctrina agustiniana de la iluminación divina, que en el pensamiento de Pascal se manifestaba como un énfasis en la gracia. En este sentido, al igual que los objetos de la naturaleza han de ser iluminados para que podamos verlos, de este mismo modo las verdades deben ser iluminadas por alguna forma de luz espiritual para que podamos comprenderlas. Si la fuente de la iluminación corporal es el sol, la fuente de la iluminación espiritual es Dios.

La combinación de cartesianismo y agustinismo lleva a doctrinas de algún modo novedosas en Malebranche. Descartes distinguía tres tipos diferentes de sustancia: la sustancia infinita (Dios), la sustancia espiritual finita (la mente) y la sustancia finita extensa (materia), pero no somete a discusión las relaciones sistemáticas entre ellas. Esencialmente sistemático, Malebranche sí lo hace, pues, para él, es aquí donde está la clave. Sostiene en efecto que hay dos sustancias, Dios y la materia, y que la mente se encuentra en algún lugar intermedio. La mente es una suerte de intermediario entre Dios y la materia, completamente distintos uno de otra. O bien participa de Dios por cuanto es intelecto puro o bien participa de la materia por cuanto está atado a un cuerpo. Por último, su existencia depende de Dios, pero no en su unión con la materia: puede separarse del cuerpo, pero dejaría de existir sin Dios.

En el prefacio a la *Búsqueda de la verdad*, Malebranche lo expresa así:

Por naturaleza, la mente del hombre se encuentra, por así decir, entre su creador y las criaturas corpóreas, pues, según san Agustín, nada tiene por encima sino Dios y nada por debajo sino cuerpos. Pero al no impedir la posición de la mente, por encima de todas las cosas materiales, que esté unida a ellas e incluso que dependa de algún modo de una parte de la materia, así la distancia infinita entre el ser soberano y la mente del hombre no impide que esta esté inmediatamente unida a ella de un modo muy íntimo. Esta última unión eleva a la mente por encima de todas las cosas. Por medio de ella la mente recibe su vida, su luz y su completa felicidad, y en muchos momentos de su obra san Agustín habla de esta unión como la más natural y esencial para la mente. La unión de la mente y el cuerpo, por otro lado, degrada al hombre infinitamente y es hoy la causa principal de todos sus errores y miserias.

El grueso de la *Búsqueda de la verdad* —es decir, cinco de los seis libros— se dedica a explicar cómo se originan estos errores atribuibles a la unión de la mente con el cuerpo. Podemos concentrarnos en uno de tales errores, el relativo a la sensación.

En la explicación de Malebranche, los sentidos no se concibieron para revelarnos la naturaleza del mundo exterior. Esa no es su función. Su función se limita a notificarnos —es decir, a nuestras mentes— nuestras necesidades corporales de un modo rápido y económico. Antes de la caída, Adán lo había entendido, y nunca confió en sus sentidos para juzgar la naturaleza de los cuerpos. Pero desde la caída nos hemos vuelto sumamente dependientes de nuestros cuerpos. Lo cual, piensa Malebranche, es desastroso, ya que nuestros sentidos son intrínsecamente indignos de crédito.

Malebranche distingue entre nuestro juicio de las cualidades primarias y el de las cualidades secundarias y niega que los sentidos sean guías creíbles para el descubrimiento de cualidades primarias de los objetos tales como tamaño, forma, movimiento y emplazamiento. Pero no nos engañamos por completo en cuanto a las características de los cuerpos, pues estamos en lo cierto cuando pensamos que estos tienen tamaño, forma, emplazamiento, velocidad y dirección de movimiento incluso si erramos al suponer que tienen los que se muestran a nuestros sentidos. El engaño operado en nuestros sentidos es mucho más completo en el caso de cualidades secundarias como el color, el calor, el sonido, el olor, la textura, etc. Estas, nos dice Malebranche, «ni están de hecho, ni nunca estuvieron, fuera de nosotros».

Nuestros errores a estos efectos se producen cuando confundimos cuatro cosas: (1) la *acción* de un objeto en nuestro órgano sensorial (por ejemplo, la presión de partes diminutas de un cuerpo contra nuestra piel); (2) el efecto que este movimiento tiene en nuestro cuerpo (por ejemplo, la transmisión de impulsos de las terminaciones nerviosas hasta el cerebro); (3) la modificación de nuestra mente derivada del suceso que tiene lugar en el cerebro (por ejemplo, la sensación de calor); (4) la creencia que esa sensación genera en nosotros de modo natural e involuntario (por ejemplo, la creencia de que el calor que sentimos está realmente en el objeto tocado y en la mano que lo toca).

En general, confundimos las sensaciones con las cualidades de los objetos que las acompañan. Tenemos sensaciones porque las partes más diminutas de los objetos —tales como los corpúsculos de luz, o las partes que vibran más rápidamente de los objetos que tocamos— se ponen en contacto con nuestro cuerpo; y, dado que no vemos esas partes diminutas, suponemos que las sensaciones —de color en el primer caso, de calor en el segundo— pertenecen al objeto que las ha causado. Ahora bien, es significativo que no cometamos este error cuando la causa de la sensación es visible: cuando realmente podemos ver el brillo de la hoja de un cuchillo que nos hiere la mano, por ejemplo, no suponemos que la sensación que lo acompaña, esto es, el dolor, sea una cualidad del objeto. Así pues, ¿por qué deberíamos suponer que cuando es invisible, como sucede con el rápido desplazamiento de los corpúsculos, la calidez que sentimos sea una cualidad del objeto? La conclusión de Malebranche es que el hecho de que la causa de una sensación sea visible puede determinar que consideremos o no a la sensación misma una cualidad de un cuerpo.

¿Qué es exactamente lo que nos engaña en este caso? Malebranche señala que no son tanto los sentidos como el juicio natural lo que siempre acompaña a la sensación. Insiste en que nuestras sensaciones se acompañan siempre de ciertos juicios involuntarios cuyo propósito es el mismo que el de las sensaciones: permiten que la mente se mueva rápidamente para atender las necesidades del cuerpo. La involuntaria creencia en que las sensaciones de dolor y quemazón son propias de alguna parte de nuestro cuerpo, por ejemplo, es, sin embargo, aunque en rigor falsa, sumamente útil. De modo semejante, los colores nos permiten —como a los predadores— identificar cuerpos distantes más fácilmente de lo que lo harían cuerpos carentes de color. Nos equivocamos únicamente cuando pensamos que estos juicios involuntarios nos informan de la verdadera naturaleza de las propiedades de los cuerpos. ¿Quiere esto decir que en este caso hemos de culpar a Dios, ya que es quien nos da órganos sensoriales y el juicio natural que acompañe su ejercicio? No, dice Malebranche. Si por juicio voluntario propio refrendamos el juicio natural que se suscita en nosotros, somos nosotros, y no Dios, los responsables del equívoco.

Fue Malebranche, y no Descartes, quien convenció a generaciones de filósofos, especialmente a Berkeley y Hume, ambos profundamente deudores de Malebranche, de que los argumentos escépticos formaban el núcleo de la epistemología. Y fue de Malebranche, y no de Descartes, de quien los lectores del siglo XVIII aprendieron su cartesianismo.

3. Filosofía radical: el siglo XVIII

Con Malebranche, la metafísica sistemática había alcanzado su cumbre en Francia y en las primeras décadas del siglo XVIII se enfrentó a una reacción fuerte y decidida que pronto daría la vuelta a la idea de que el mejor camino a seguir en filosofía era el de la sistematización. Esta reacción se produjo cuando la obra del filósofo inglés John Locke (1632-1704) empezó a publicarse en Francia y la filosofía francesa del siglo XVIII quedó fuertemente influenciada por él. Entre los asuntos más importantes que se plantearon estuvieron los siguientes: la naturaleza del lenguaje; la existencia de las ideas innatas; si el análisis de la naturaleza de la mente debía restringirse a las mentes sanas; qué relación hay entre razón y sensibilidad, y si la filosofía y la religión europeas tenían la universalidad que se les había supuesto. Independientemente del aspecto concreto del pensamiento lockeano que adoptasen los filósofos franceses, todos ellos compartían una misma tesis central: la creencia en que era la sensación, no la razón, la que sustentaba nuestro conocimiento del mundo, con el correspondiente rechazo de las ideas innatas. Podemos llamar a este punto de vista «sensualismo».

Racionalismo y empirismo

Uno de los textos formativos del siglo XVIII fue una obra en varios volúmenes, la descomunal *Enciclopedia* de Denis Diderot (1713-1784) y Jean d'Alembert (1717-1783), publicada desde la mitad del siglo. La *Enciclopedia* fue el epítome de la Ilustración francesa.

En su propuesta general para la reforma del conocimiento, en el «Discurso preliminar» de la *Enciclopedia*, D'Alembert defiende que la «razón» —por oposición a las enseñanzas religiosas, por ejemplo— es el criterio exclusivo último del juicio, y asocia razón con ciencia. De conformidad con el marco programático del sensualismo lockeano, es únicamente la sensación la que nos pone en contacto con el mundo y nos permite preservar el cuerpo y subvenir a sus necesidades. Las ideas que la sensación genera pueden combinarse y conectarse, y son las ciencias las que proporcionan el modelo último de tales conexiones. Asociados razón y conocimiento del mundo con la ciencia, la tarea principal de D'Alembert es la reconstrucción de la historia de la filosofía y de la ciencia, que habrá de mostrar «los pasos a través de los cuales hemos llegado a la situación presente». Lo que necesitamos es «una explicación histórica del orden según el cual las diferentes partes del conocimiento se siguen unas de otras», lo que conforma una genealogía de la razón que muestra cómo, en sus formas históricas, convergen en el proyecto que materializa la *Enciclopedia*, que, de este modo, representa la culminación del quehacer cognitivo humano y constituye el punto de arranque de la investigación futura.

En el relato d'alembertiano, el itinerario hacia la ciencia y la racionalidad es tortuoso y serpenteante, no una narrativa lineal: la antítesis de la racionalidad no habrá de encontrarse en la Antigüedad, por ejemplo, sino en la transformación medieval de la razón en dogma. El desarrollo de la ciencia (filosofía natural) en el relato d'alembertiano fue un proceso lento, obstruido por el escolasticismo. En las artes, se había permitido a los poetas y otros que celebrasen a los dioses paganos «por tratarse de un entretenimiento inocente», lo que abonó un terreno fértil para la imaginación que apenas representaba una amenaza para el cristianismo, pues algo así no induciría a nadie a resucitar el culto a Júpiter o Plutón. Pero en la ciencia las cosas eran diferentes. En este caso, «bien se sobreentendía o se afirmaba que la razón ciega podría herir a la cristiandad». En este clima, la religión, cuyo ámbito propio se restringía a la fe y a la moral, comenzó a apropiarse de la enseñanza de la filosofía natural y la supervisión de estos ámbitos por la Inquisición española y romana. Pero mientras «enemigos, ignorantes o malintencionados declaraban la guerra a la ciencia», esta siguió siendo cultivada en secreto por un cierto número de «hombres extraordinarios». Lo que D'Alembert se propone es una reivindicación del proyecto ilustrado de la *Enciclopedia*.

En primer lugar, se trataba de establecer una secuencia histórica en la que fuese posible trazar una progresión que, arrancando de los orígenes mismos del conocimiento, le siguiese los pasos al proceso de crecimiento que culminaría de modo demostrable en el presente, descubriendo y analizando, de paso, varias vías muertas.

Si bien el «Discurso preliminar» está perfectamente alineado con la tradición lockeana, al considerar que la sensación es la base del conocimiento, su caracterización de la filosofía es peculiar y hasta cierto punto propia. En primer lugar, es férreamente antisistemática y propone una defensa explícita del eclecticismo. En la entrada de esa voz se nos dice:

> El ecléctico es el filósofo que, tratando sin miramientos los prejuicios, la tradición, la antigüedad, el consenso universal, la autoridad y, en una palabra, todo cuanto somete al común de las mentes, se atreve a pensar por sí mismo, retrotrayéndose a los principios más claros y generales, a los que somete a examen, dando por bueno solo aquello que puede demostrar partiendo de su experiencia y su razón; y habiendo analizado todos los sistemas filosóficos sin deferencias ni parcialidad, construye uno personal y propio que le pertenece.

Sin embargo, al mismo tiempo, en el «Discurso preliminar» nos encontramos por vez primera con un precursor de la nada ecléctica distinción entre «racionalismo» y «empirismo». Se articula una filosofía sensualista para enfrentarse a la filosofía cartesiana, se interpreta por primera vez que ambos son sistemas rivales y se defiende el «empirismo».

Por un lado, podemos ver aquí una consecuencia del rechazo a las ideas innatas, que venía a ser una cuestión de todo o nada, de modo que, si se razonaba en contra de un sistema basado en las ideas innatas, habría una cierta lógica en apoyar un sistema que negase su existencia. Pero esto es apenas congruente con la defensa del eclecticismo y es directamente contrario a los orígenes lockeanos del sensualismo, en los que el rechazo a toda epistemología sistemática es primordial. Es más, cuando se indaga qué quiere decir «empirismo» en, por ejemplo, Diderot, se comprende que no es tanto la doctrina epistemológica que asociamos habitualmente con tal denominación cuanto, ante todo, una defensa del materialismo.

Lenguaje y pensamiento

Locke había reflexionado sobre la naturaleza del lenguaje más seriamente que Descartes o Malebranche, pero fue en Francia donde se desarrolló una de las más interesantes teorías del lenguaje de inspiración lockeana. En su *Ensayo sobre el origen del conocimiento humano,* de 1746, cuyo subtítulo lo describe como un suplemento del *Ensayo* de Locke, Étienne Bonnot de Condillac (1715-1780) formuló la teoría del lenguaje más sofisticada de su tiempo, que habría de convertirse en un hito para las investigaciones posteriores a lo largo del siglo XVIII.

A diferencia de otros autores anteriores, Condillac no trató al signo lingüístico como un mero medio conveniente de expresión del pensamiento. No dudaba de que los hombres, como los animales, puedan tener pensamiento sin lenguaje, pero lo que nos hace distintivamente humanos es el lenguaje, porque solo este ofrece los medios necesarios para elaborar la percepción del mundo de modo consciente. La mente no sería lo que es en ausencia del lenguaje, y la creciente sofisticación de la mente es un reflejo de la creciente sofisticación del lenguaje. El análisis de Condillac plantea dos cuestiones cruciales: la que aborda cómo el lenguaje abre una ventana a las actividades de la mente, por un lado, y la de la importancia de los orígenes del lenguaje para el estudio de su significado, por otro.

En cuanto a la primera pregunta, se trata de una tesis central del análisis condillaqueano acerca de la diferencia fundamental entre gestos y signos primitivos que indican acción, por un lado, y un verdadero lenguaje, por otro. La facultad de la reflexión se desarrolló gradualmente conforme los seres humanos comenzaron a liberarse de su entorno, a disociar el lenguaje natural-gestual de sus contextos asociativos y a tratar de utilizar signos arbitrarios. Los gestos natural-gestuales son inmediatez pura y carecen de diferenciación interna, mientras que el rasgo distintivo del verdadero lenguaje es su linealidad: el lenguaje requiere la descomposición del pensamiento y su ordenamiento de modo lineal. Es posible analizar los pensamientos propios y los de los demás porque es posible presentarlos estructurados de modo lineal; la linealidad es un prerrequisito de la reflexión distintiva del pensamiento humano. Resumiendo: el lenguaje no se limita a atrapar el pensamiento, sino que lo ordena de un modo distintivo que nos capacita para pensar reflexivamente. Esto, a su vez, ofrece a los usuarios del lenguaje un medio para controlar operaciones mentales tales como la memoria, la imaginación y la atención.

Con respecto a la segunda cuestión, la de la importancia de los orígenes del lenguaje para el estudio del lenguaje, los problemas estaban relacionados con la pregunta: ¿qué hace de algo un lenguaje? Reflexionando sobre el enfoque de Condillac, Jean-Jacques Rousseau (1712-1778), por ejemplo, retoma la cuestión de cómo pudo ser posible el paso de los sonidos primitivos a los articulados y la transforma en un problema que modularía la discusión sobre el lenguaje que habría de seguir en el siglo XVIII: la de justificar la transición de los gritos inarticulados al lenguaje articulado. En *La desigualdad de los hombres*, Rousseau plantea el problema en estos términos:

La madre que dice a su hijo las palabras que este deberá usar para pedirle algo nos permite entender cómo se enseñan las lenguas ya existentes, pero no es aquí donde podemos encontrar la explicación de cómo estas llegaron a existir. Asumamos, no obstante, esta primera dificultad que habremos de resolver. Supongamos por un momento que estamos en este lado del vasto golfo que separa el estado de naturaleza puro de aquel en que las lenguas son necesarias y, admitiendo esta necesidad, preguntemos cómo podrían haber comenzado estas a establecerse. Nos encontramos aquí con otro problema, y aún más serio, ya que si los hombres necesitan el habla para aprender a pensar, deben de haber tenido mucha mayor necesidad de saber cómo pensar para llegar a descubrir el arte de hablar. Y aunque podamos imaginar cómo han pasado los sonidos vocales por el modo convencional de interpretación de nuestras ideas, nos quedaría aún descubrir cuál ha podido ser el medio de interpretación de tal convención en el caso de esas ideas que, no respondiendo a objetos sensibles, no pueden indicarse ni por el gesto ni por la voz. Supuesto esto, apenas somos capaces de proponer conjeturas susceptibles de fundamento en lo tocante al arte por medio del cual comunicamos nuestros pensamientos y establecemos conexiones entre nuestras mentes.

Son precisamente Condillac y Rousseau quienes primero plantearon uno de los asuntos más extensamente debatidos entre mediados del siglo XVIII y mediados del siglo XIX: el de los orígenes del lenguaje.

Sensación y sensibilidad

La cuestión de los orígenes del lenguaje se reproduciría en otra aún más fundamental: la de cómo es posible adquirir conocimiento del mundo si carecemos de ideas innatas y nuestra situación de partida es la de la mente vacía (*tabula rasa*). Este asunto preocupó a los pensadores franceses a lo largo del siglo XVIII y dio lugar a preguntas relativas no solo al conocimiento, sino también a la sensibilidad y, a la postre, a asuntos morales y sociales.

En la década de 1740, las obras de Condillac y del conde de Buffon (1707-1788) introdujeron en el pensamiento francés las cuestiones relativas a la conexión entre sensibilidad y sensación. De modo independiente, ambos utilizaron la imagen de una estatua humana a la que, progresivamente, se le van dando facultades sensoriales a fin de explorar qué es necesario para producir un ser humano autoconsciente. Más aún, ambos emplean el experimento mental del mismo modo y prácticamente llegan a las mismas conclusiones. Deberíamos entender el símil de la estatua en el contexto del lockeanismo francés, ya que este ofrecía un modo de explorar la posible sustitución de la tradición del innatismo de las ideas en el cual la diferencia cualitativa entre meras sensaciones y la experiencia perceptiva resulta, precisamente, de las ideas innatas. Buffon, Condillac y Diderot rechazaban las ideas innatas, pero deseaban reconocer la diferencia cualitativa entre la mera sensación y la experiencia de un mundo exterior. La sensibilidad cobraba en este asunto un papel esencial, pues para estos tres pensadores la diferencia cualitativa entre el mero sentir y la experimentación de un mundo externo procedía de la sensibilidad, no de la razón. Argumentaban que no inferimos la existencia de un mundo externo de nuestras sensaciones, sino que somos conscientes de su existencia gracias a una relación con el mundo que es afectiva y no racional. Ello presupone el argumento de que nuestro conocimiento del mundo procede de la sensación y no de la pura reflexión intelectual y que la experiencia de un mundo externo, opuesto a la mera sensación, es anterior a la adquisición y el ejercicio de las facultades racionales, ya que tales facultades racionales son, al menos primariamente (y exclusivamente, para los lockeanos franceses), ejercidas sobre la base de nuestra experiencia de un mundo externo. De ello se sigue que la sensibilidad no solo proporciona el enlace entre la sensación y el raciocinio, sino que juega un papel esencial en lo que somos y cómo pensamos, un papel que la razón, por ejemplo entendida como facultad que presupone las ideas innatas, es simplemente incapaz de desempeñar.

En cuanto al paso de la sensación a la experiencia del mundo, consideremos la versión del argumento de Condillac. Condillac nos pide que imaginemos una estatua humana a la que damos vida proporcionándole, una a una, diferentes facultades sensoriales. Podemos separar cada fase y preguntar cómo sería su experiencia del mundo en cada una.

Imaginemos que dotamos a la estatua de olfato y que colocamos una rosa junto a su nariz para que experimente su olor. Nada en esta experiencia llevará a la estatua a imaginar que esta provenga de una fuente externa, de modo que la sensación olfativa no se experimenta como sensación de un objeto externo, sino como una situación experiencial; y de modo parecido en el caso del oído, la vista y el gusto. Buffon y Condillac abordan el tacto de modo diferente. Buffon argumenta que al principio la estatua cree que todas sus sensaciones son resultado de experiencias internas, y solo cuando se le dota de tacto se percata, «con horror», de que hay algo fuera de sí. Solo el tacto puede proporcionar la sensación de un mundo externo. Condillac reconocía el carácter distintivo de la sensación táctil, pero deja claro que, para hacerse una idea general de la sensación, la estatua debe reflexionar sobre las cualidades que siente sin referencia a las cinco vías por medio de las cuales los cuerpos afectan a sus órganos: es decir, debe agrupar todas las sensaciones individuales que recibe para formar una clase única. Sin embargo, ni siquiera una estatua dotada de los cinco sentidos, capaz de comparar, reflexionar, recordar y realizar las demás operaciones intelectuales, podría imaginar, partiendo únicamente de ellos, que sus sensaciones fueran otra cosa que internas y autónomas. Pese a tener comprensión de, por ejemplo, las relaciones espaciales, la estatua sería solipsista: sus experiencias sensoriales no la proyectarían en el mundo ni la conectarían con él. Por el contrario, permanecería aislada y autónoma. Así pues, la pregunta es cómo es posible desarrollar una concepción del mundo independiente de nosotros. De acuerdo con el punto de vista de Buffon, únicamente el tacto puede proporcionar la noción de un mundo exterior, noción que es condición necesaria para la posibilidad de lo moral, ya que este comporta el reconocimiento de la existencia de los otros, que reemplazando el narcisismo de partida por el amor por ellos . El punto de vista de Condillac a este mismo respecto es que el sentido reflexivo se origina en las sensaciones y nos permite distinguir entre nuestro cuerpo y las sensaciones combinando estas y extrayendo de ellas algo nuevo que hace posible la comparación de los diversos objetos de sensación según la diversidad de sus características.

Tanto para Buffon como para Condillac, la sensibilidad y el reconocimiento de un mundo externo son simultáneos. Que la vida comienza en una mente en blanco es un axioma del proyecto sensualista, y, partiendo de tal fundamento, su tarea es elucidar cómo se desarrolla la vida cognitiva, afectiva y moral. Diderot desarrolla plenamente esta línea de pensamiento al vincular explícitamente la sensación a la sensibilidad moral y estética. Lo hace explorando las características mentales de quienes, de un modo u otro, carecen de alguna capacidad sensorial. En su exposición sobre la ceguera en su *Carta sobre los ciegos*, por ejemplo, compara al ciego con el vidente para explorar qué nos revela tal comparación sobre la sensibilidad en general. Para Diderot, la sensibilidad deficiente supone, antes que nada, un problema emocional, estético y moral, y es la limitación sensorial la causa de que los ciegos centren su mente en lo interior y se vean impelidos a pensar por abstracción. Los ciegos permiten un estudio de caso crucial porque creen que el modo abstracto en que experimentan el dolor de los otros debilita su empatía por quienes sufren. Pero su objeto de análisis no se limita a los ciegos. Los ciegos no hacen sino poner de manifiesto de un modo singularmente concreto una insensibilidad frente al mundo más general: la de quienes lo conciben y lo viven en términos abstractos. Para Diderot, nuestra relación con el mundo depende en buena medida de cómo accedamos a ella, siendo así que asimilamos la información cognitiva en un proceso que es necesariamente social y cultural y que tiene implicaciones morales, de modo que lo que resulta de él no es mera sensibilidad cognitivamente relevante, sino sensibilidad en la que lo cognitivo, lo afectivo y lo moral están inextricablemente entrelazados. Lo que se discute aquí en última instancia es la base sensorial de la vida en sociedad, en la que sensibilidad se opone a «racionalismo» solipsista. Lo que subyace a esta cuestión general es la del origen de las ideas que regulan nuestras vidas: nuestra vida moral, emocional, social, política e intelectual. El punto de vista de los metafísicos y de todos cuantos conciben el mundo en términos abstractos y, consecuentemente con ello, de quienes examinan nuestra relación con él en estos mismos términos se torna no solo errado, sino social y moralmente peligroso.

Filosofía médica

En el curso del siglo XVIII madura la idea de que la medicina podría ocuparse de asuntos que tradicionalmente habían quedado reservados a la metafísica y la teología, de que Hipócrates podría suceder a Sócrates, quizá incluso a

Jesús, como referencia en cuanto a la comprensión del comportamiento humano. Se tenía cada vez más conciencia del lugar de la sensibilidad en los planos emocional y cognitivo de nuestras vidas y se creía que la medicina podría ser más adecuada que la filosofía o las formas más tradicionales de fisiología para responder a los interrogantes relativos a la sensibilidad. Como afirma Théophile de Bordeu (1722-1776), la sensibilidad «es el fundamento más adecuado a partir del cual explicar todos los fenómenos de la vida, ya en la salud, ya en la enfermedad». De aquí que:

Este es el modo de considerar el cuerpo vivo que adoptan quienes, entre los pensadores modernos, han desarrollado su especulación más allá de la medicina práctica y los sistemas recibidos en las escuelas de principios de siglo. Tal es el punto de vista que la medicina filosófica ha asumido en lo relativo a las funciones puramente materiales del cuerpo.

Una de las características de esta variedad médica de la filosofía fue la de dirigir la proyección de la fisiología al ámbito de la psicología y, por esa vía, a la de la sensación en su sentido más amplio. Esto llevaría al cuestionamiento de la relación entre partes y todo, lo que tuvo profundas consecuencias no solo para el examen de los fenómenos que implican sensibilidad, sino también para la delimitación entre sensibilidad y razón; y, desde luego, para la unificación del análisis epistemológico de la sensación y el fisiológico de la sensibilidad. Con la publicación del *Ensayo sobre el origen del conocimiento humano* (1746) y el *Tratado sobre la sensación* (1754) de Condillac, se presentaba un análisis muy influyente de la relación todo/partes que contrastaba sin ambages con los discursos que presuponían la primacía de la razón en el conocimiento perceptivo y postulando, por lo general, las ideas innatas. El modelo de Condillac fue diseñado para lanzar un análisis sensualista del conocimiento perceptivo en el que la sensación, no la razón, era la clave para entender cómo es posible el conocimiento.

Mientras que la razón fue siempre construida en términos de un solo tipo de reglas y procedimientos que regulan nuestra vida cognitiva, en el análisis de la sensación de Condillac encontramos lo contrario a esto: un análisis completamente descentralizado de nuestra vida cognitiva, tal como la refleja el lenguaje. Mientras que la razón fomenta un modelo de arriba abajo en el que es necesaria la comprensión del todo si hemos de ser capaces de fundamentar deductivamente un orden necesario en las partes, la sensibilidad, desde esta otra perspectiva, funciona al revés: comienza por las partes y construye a partir de estas la noción del todo.

Cuando Condillac asumió el modelo lockeano de la percepción cognitiva, lo radicalizó, rechazando la teoría de Locke de que la sensación y la reflexión fuesen el origen de nuestras ideas y arguyendo, en su lugar, que la sensación era el único principio de las ideas. Esto desembocaría en el estudio de la psicología de la sensación, que continuaron, a mediados del siglo XVIII, los médicos de la escuela de Montpellier, quienes la ampliaron, creando la medicina de la sensación. En este proceso, la sensación y la sensibilidad fisiológica fueron vinculándose más y más estrechamente con el problema de la sensibilidad moral conforme la propia vida mental se iba progresivamente convirtiendo en un asunto médico. La relación del todo y las partes desempeña aquí un papel primordial. Bordeu arguye que el todo es lo que es porque las partes son lo que son: en particular, el organismo es un ser vivo porque los órganos que lo componen están vivos. El problema de la relación entre el todo y las partes era ahora crucial para comprender la naturaleza de la vida. Esta es una de las cuestiones más acuciantes del pensamiento de los siglos XVIII y XIX, la naturaleza de la vida, y la teoría de que lo que tiene vida en los organismos son sus partes, no el todo, es una teoría radical. No solo contradecía la fisiología mecanicista de Descartes (que siempre había tenido problemas para identificar lo que distinguía a los seres vivos de los inertes), sino también la aristotélica, según la cual la vida se debía a una forma que configuraba el todo de la materia corporal.

Bordeu atribuye la sensibilidad a todos los órganos, allí donde esta ha llegado a localizarse: cada órgano tiene vida propia y la vida de los órganos contribuye a la vida colectiva del organismo, constituyéndola propiamente. Sostiene que la vida es únicamente capacidad de sentir y movimiento y la conforma la capacidad de la fibra animal de sentir y moverse a sí misma, lo que es «inherente a los elementos primarios del cuerpo viviente, tales como la gravedad, la atracción y la movilidad de la diversidad de los órganos». En términos generales, cabe decir que el todo está vivo porque sus partes están vivas y que el todo es del modo que es debido a que las partes vivas están conectadas del modo en que lo están.

En el análisis de la vida y la sensibilidad que se proponía aquí, tales cualidades se dan en un nivel inferior al del organismo, en el que los órganos más pequeños (o, en el caso límite, en los simples componentes de la materia orgánica) son autónomos por cuanto presentan estas cualidades por sí mismos, no por desempeñar alguna funcionalidad en un orden jerarquizado según las necesidades del organismo. Nótese, en especial, que la sensibilidad es un *sine qua non* no solo de la autonomía de los órganos, sino, lo que es más importante, de las conexiones unificadoras que son capaces de formar. La naturaleza «distribuida» de la sensibilidad y, con ello, la de la vida tiene, desde este punto de vista, un valor crucial, ya que un cuerpo sano es aquel en que las partes autónomas están en armonía unas con otras.

En la entrada de la *Encyclopaedia* que dedica a la «observación», Ménuret expresa la naturaleza de estas conexiones con una imagen famosa:

Podría compararse el hombre a una bandada de garzas que vuelan juntas en un orden determinado sin ayuda mutua o dependencia de unas con respecto a otras. Los médicos o filósofos que han estudiado y observado atentamente al hombre se han percatado de esta simpatía en todos los movimientos animales, es decir, de este acuerdo constante y necesario en la interacción de las diversas partes, sin importar cuán dispares o distantes sean o estén unas de otras. También se han percatado de la perturbación que produce en el todo el desacuerdo sensible de una sola parte. Un médico famoso (Bordeu) y un físico ilustre (Maupertuis) compararon de modo parecido al ser humano con un enjambre de abejas que se empeña conjuntamente en colgarse de la rama de un árbol. Podemos verlas presionando juntas y sosteniéndose unas en otras formando una suerte de totalidad en la que cada parte viva contribuye como puede, por la correspondencia entre sus movimientos y la dirección de estos, a mantener esta clase de vida del todo, si se nos permite referirnos a una mera combinación de acciones.

El punto de vista distributivo proporcionó un modelo de unificación de abajo arriba para otros ámbitos del saber en los años sesenta y setenta del siglo XVIII. En su *Sueño de D'Alembert*, escrito en 1769, así como en los *Elementos de fisiología*, publicado en 1778, Diderot empleó el modelo de la unidad de los organismos para explicar cómo puede concebirse la unidad del sujeto del pensamiento sin postular un alma inmaterial. Y Rousseau pudo pasar sin esfuerzo de la vertiente biológica del problema a la política preguntándose, en *El contrato social*, cómo una suma de voluntades individuales puede convertirse en voluntad colectiva e identificando el descubrimiento de una forma de gobierno capaz de tal logro con el problema fundamental cuya solución es el contrato social.

Una consecuencia de esta perspectiva es que el buen funcionamiento del intelecto es ahora una función de las fibras del cerebro.

Consecuentemente, el camino a la vida moral, intelectual y social del individuo es corpóreo y funciona no mediante la razón sino mediante la sensibilidad. En su nuevo dominio ampliado, sin embargo, la sensibilidad no parece ya algo para lo cual la fisiología o la psicología pudieran dar cuenta por sí solas. Es más bien la medicina —una forma de medicina en la que el control de la sensibilidad es la clave— la que se convierte ahora en herramienta principal de la investigación. En su influyente *La idea moral y física del hombre*, Louis de la Caze (1703-1765) formuló explícitamente las consecuencias morales y sociales de esta ciencia médica recién creada. Su punto de partida es la rehabilitación de la vieja doctrina de los no naturales, cuya primera formulación se remonta a Galeno, el sistematizador de la medicina antigua (130-201).

Los factores de la salud se dividen en naturales, no naturales y contranaturales. Los naturales eran elementos estructurales y funcionales innatos de cada cuerpo, tales como los temperamentos, humores, partes del cuerpo, facultades y funciones. Los no naturales eran aquellos factores que determinaban el estado del cuerpo sin ser controlados por el normal funcionamiento de este: el aire ambiental, la comida y la bebida, el movimiento o el ejercicio y el descanso, el sueño y la locomoción, la excreción y la retención y las pasiones del alma. Los contranaturales comprendían las enfermedades, que podían resultar de un desequilibrio entre los naturales o de un desequilibro entre los naturales y los no naturales. Para esta doctrina, la salud era el resultado del ordenamiento apropiado de los naturales y de un régimen correcto de los no naturales, lo que se reunía bajo el concepto de «higiene». Como no es posible evitar los efectos de los no naturales, en la tradición galénica se incluían en el currículum de las escuelas de medicina y se exigía a los médicos que los conociesen no solo para tratar enfermedades, sino también para prevenirlas y preservar la salud.

La medicina francesa retomó este punto de vista galénico en el siglo XVIII, lo que produjo un cambio de dirección en la comprensión del papel de la medicina. La preocupación fundamental de la medicina medieval había virado de la cura al cuidado y, en consecuencia, había adquirido relevancia filosófica. Fue sobre todo La Caze quien se propuso establecer conexiones entre la sensibilidad, definida en términos fisiológicos, y los estados afectivos, todo ello de acuerdo con una noción general de salud que entendía como «economía animal» armoniosa. Lo crucial de esta economía animal era que comprendía las sensaciones no solo que tenían naturaleza fisiológica, sino que eran placenteras o dolorosas y cuya intensidad respondía a las necesidades de la economía animal. La mencionada economía animal determinaría nuestros hábitos morales por medio del placer o el dolor asociados a un comportamiento determinado. Pero, si bien esto significa que no cabe hablar, por ejemplo, de conformación social directa del comportamiento, sí es, con todo, posible una influencia indirecta porque la «constitución» del cuerpo, y, con ella, su economía animal, cobra forma en la «constitución» de la sociedad, la cual, al decir de La Caze, es variable: depende, en términos inmediatos, de la distribución social de las tareas, pero también de si la sociedad se encuentra en un estado salvaje, donde prima la acción muscular, o civilizado, donde la sensibilidad puede llegar a refinarse excesivamente. La definición de la salud como armonía y equilibrio, propuesta por Bordeu, se amplía aquí al ámbito de la praxis social: la modernización era la clave de la salud por cuanto cualquier clase de exceso perturbaba la armonía del cuerpo. La idea de un estado armonioso se percibía por lo general como un estado «natural», tanto en el caso del equilibrio correcto de los naturales como en el del equilibrio entre los naturales y los no naturales. De lo que se trataba, pues, era de guiar a los individuos a la consecución de un estado natural. La opción preferible seguía siendo el régimen personal, que implicaba el cultivo de la sensibilidad. Pero era dudoso qué quería decir «cultivar» en este caso. Y esto suscitó preguntas, sobre todo en torno a la «perfectibilidad del hombre».

Lo asuntos que hemos expuesto constituyeron el núcleo de las controversias que, en la segunda mitad del siglo

XVIII, planteaban hasta qué punto las facultades y el comportamiento humano podían o debían modelarse mediante la intervención social o médica. A partir de 1750 hubo una tendencia que abogaba por el uso de la medicina en estas materias, debidamente acompañada de ciertas prevenciones contra la sobreestimulación de la sensibilidad. Este fue el contexto en que proliferaron los *médecins philosophes*, ya que sus intereses trascendían los de la medicina tradicional y la proyectaban firmemente hacia las ciencias morales y humanas.

Con la publicación en 1762 del *Emilio, o De la Educación*, la cuestión de la «perfectibilidad del hombre» se convirtió en el centro de atención de la República de las Letras. Con el experimento educativo imaginario al que somete a Emilio en su novela, Rousseau se propone mostrar cómo podríamos cultivar la clase de sensibilidad que nos capacita para obrar moralmente. La idea de que las capacidades morales no son idénticas y son susceptibles de ser cultivadas no era nueva, y de hecho era un supuesto compartido por generaciones de pensadores desde el siglo XVII en adelante. Descartes es un ejemplo. Cuando Descartes se ocupó de asuntos morales en la última década de su vida, en las cartas a la princesa Isabel o en *Las pasiones del alma*, su interés no estaba en discernir qué acciones son morales y cuáles no lo son, ni tampoco en saber si existe algún principio general que nos viésemos obligados a seguir en el caso de los juicios genuinamente morales. Se centraba más bien en lo que podríamos llamar una «teoría de la preparación psicológica para la acción moral»: cómo reconducir la propia vida para superar la ansiedad, la melancolía y las pasiones incontroladas que nos impiden tomar el control pleno de nuestras vidas. Puede decirse que somos sujetos moralmente responsables en la medida en que somos capaces de superarlas y, en consecuencia, de actuar libremente. El propósito de Descartes era orientar a la princesa Isabel de tal modo que supiese cómo actuar para evitar el sometimiento a la dispersión sensitiva y afectiva, que limita el sentido del yo, y alcanzar ese punto de la unidad subjetiva que capacita para la acción genuina y, sobre todo, para la genuina acción moral.

Diderot y Rousseau rechazaban la solución individualista de ese planteamiento, que suponía la capacidad de los individuos para reformar sus propios recursos psicológicos. En su lugar, ofrecen un planteamiento evolutivo en el que el contexto social y cultural, especialmente durante la infancia y la adolescencia, es crucial para moldear la sensibilidad. Rousseau argüía que la clave para hacer virtuosa a la gente no estaba en entrenar sus mentes, sino en controlar las impresiones a las que se somete a sus cuerpos, es decir, a sus sistemas nerviosos. Esto cobra particular importancia en la argumentación del *Emilio* de Rousseau, ya que la estimulación excesiva, el exceso constante de las impresiones, es responsable del modo distorsionado de experimentar y comprender las relaciones que mantenemos con los demás. En consecuencia, es necesario que moderemos nuestra exposición a este exceso de impresiones, eligiendo cuidadosamente compañía, ocupaciones y placeres. El sensualismo que, en buena medida, impulsa este programa, por ejemplo en Rousseau, nos capacita para incluir en él no solo diversos aspectos de la educación formal, sino el medio social y cultural en su totalidad. En pocas palabras, el cultivo de aquello a lo que los pensadores de la Ilustración francesa se referirán como «sensibilidad» es muy diferente al cultivo cartesiano del sentido del yo, puesto que la fuente del problema se sitúa primordialmente en el contexto social y cultural en el que se crece, y el impacto de la estimulación excesiva, en la propia sensibilidad.

La cuestión era saber si se trataba simplemente de aumentar el propio nivel de sensibilidad o si la propia sensibilidad podía desarrollarse en exceso, lo que resultaría dañino. Para muchos el cultivo de la sensibilidad significaba, sobre todo, desarrollar esta al máximo, algo que se consideraba crucial para la formación del individuo saludable, bien formado, equilibrado y moralmente sensible. Además, puesto que esta forma de entender la sensibilidad hacía de esta una función de las fuentes sensoriales de la experiencia en general, en teoría debería ser posible controlar el medio social y pedagógico de modo que favoreciese un elevado nivel de sensibilidad. Por supuesto, no todas las formas de exposición sensorial tendrían el mismo efecto, al margen de que pudieran tener efectos diferentes en personas diferentes. No obstante lo dicho, se impuso la opinión bastante generalizada de que numerosas experiencias sensoriales tenían un efecto uniformador: la experiencia de la debilidad y la tristeza, por ejemplo, producía ciertos estados afectivos y emocionales en la gente.

El más fiero opositor de este punto de vista fue el filósofo y médico Samuel-Auguste Tissot (1728-1797), quien cuestionó la hipótesis de los efectos rutinariamente benéficos de aumentar los umbrales de la sensibilidad. Documentó una variedad de casos en que los pacientes se habían sobrepasado en el intento de cultivar la sensibilidad para desarrollarse intelectual y moralmente y habían acabado enfermos e incapacitados, presos de una agitación constante. El resultado fue una suerte de desensibilización, efecto agravado en el caso de exposición a una intensa estimulación cognitiva y afectiva, algo que afectaba no solo a las fibras localmente involucradas, sino a la entera economía animal.

Voltaire y el reto de la singularidad occidental

Dos temas distintivos de la Ilustración francesa son la religión y la superioridad del pensamiento y los valores europeos. Ambos se entrecruzan de un modo único en Voltaire (1694-1778). Su *Ensayo sobre las costumbres* (1756) es un hito en historia comparativa. Hacía uso de información sobre China de un modo que ninguna obra había hecho hasta entonces: como piedra de toque para la identificación de elementos característicos de las autorrepresentaciones de los europeos y de las hipótesis historiográficas acerca de su religión, el cristianismo, que sin ella pasarían inadvertidos. Montesquieu (1689-1755) había utilizado un mecanismo de distanciamiento parecido en sus *Cartas persas* (1721) al adoptar el personaje de un persa que observa y comenta la sociedad europea. Pero Voltaire lleva este procedimiento mucho más allá. No solo se niega a usar un modelo eurocéntrico para analizar China, sino que se vale de China para hacerse preguntas sobre Europa. Por vez primera, aquí se produce un cuestionamiento de la antigüedad y de la naturaleza formativa de la comprensión eurocristiana del mundo.

Como D'Alembert, Voltaire consideraba que el cristianismo había actuado oponiéndose a la razón, lo que había tenido consecuencias letales en el progreso de las ciencias y en la emancipación. Asimismo, le movían muchos de los objetivos que habían alentado ya a D'Alembert, particularmente el de arremeter contra la historiografía cristiana, que aún era capaz de dar forma al pensamiento histórico. Sin embargo, su estrategia no fue la de atacar a la religión por obstaculizar el progreso del conocimiento, sino la de relativizar el cristianismo, que sería, así, una religión entre otras muchas del mismo modo que es una entre muchas la cultura que lo promueve; ciertamente no la cultura más antigua ni la más noble, y nunca el patrón para valorar otras culturas u otras épocas. Para Voltaire, el modo de indagación que integre coherentemente la perspectiva histórica y la geográfica es el que nos permitirá comprender la estructura de las sociedades y las culturas y descartar la idea de que nuestros valores, provincianos en definitiva, son universales y absolutos. Para Voltaire, la importancia de lo que podríamos aprender de China no estribaba, como pensaban sus contemporáneos, en saber hasta qué punto esta puede ser asimilable a Occidente, sino en saber hasta qué punto Occidente puede ofrecer un marco legítimo para comprenderla. En el *Ensayo sobre las costumbres*, muy particularmente, se propone dar por sentado que el monoteísmo es una forma de religión natural común a todas las culturas, contrariamente a lo que afirman el judaísmo y el cristianismo, religiones que han intentado interpretarlo de modo sumamente cuestionable.

4. La filosofía posrevolucionaria: el siglo XIX y la Tercera República

El marqués de Condorcet (1743-1794) fue secretario vitalicio de la Academia de las Ciencias, secretario de la Academia Francesa y el único de los filósofos de la Ilustración que tuvo cargos en el gobierno de la Revolución. Su compromiso con la economía liberal, la igualdad de derechos de las mujeres y el constitucionalismo lo convirtió en el prototipo de pensador ilustrado. *Protégé* de D'Alembert, hizo aportaciones a la teoría de la probabilidad y a las teorías económica y política. Pero su contribución más duradera y conocida es la que hizo a la teoría del progreso. El progreso fue una preocupación primordial para el pensamiento ilustrado. Como hemos visto, D'Alembert escribió una larga disertación sobre el progreso de la civilización en el discurso preliminar de la *Enciclopedia*; y Voltaire, en sus meditaciones sobre China, concluía que, aunque era una civilización avanzada, carecía de progreso, lo que la convertía en una variedad de sociedad estática. Lo que a continuación se planteó, pues, fue la pregunta ¿qué es lo que hace que Occidente sea capaz de progresar?, y D'Alembert, por ejemplo, encontró la respuesta en la ciencia: en su opinión, el avance de la ciencia era, por encima de todo lo demás, lo que había logrado desarticular el dogmatismo y la esterilidad medievales. Ni el desarrollo de las artes ni la política podrían, por sí mismos, haberlo conseguido, ya que el origen del problema era la superstición, y solo la ciencia tiene recursos para combatirla. Este punto de vista fue ampliamente aceptado entre los pensadores de la Ilustración francesa, pero fue Condorcet quien, más que nadie, llevó la primacía de lo científico al propósito de diseñar una forma científica de teoría política. En particular, propuso una reforma de la epistemología que contemplase la toma de decisiones colectiva, planteando una noción renovada del cálculo racional capaz de sustituir a la razón tradicional, que se basaba en la facultad del juicio.

En su *Esbozo para un cuadro histórico del progreso de la mente humana* (1795) expuso lo que habría de ser la expresión canónica de la idea de que la inevitabilidad del progreso constituye una ley sociohistórica básica. En el análisis de Condorcet, las sociedades avanzan a través de etapas históricas hacia un objetivo definido en términos de racionalidad que se manifiesta en formas de organización social sucesivamente superiores a sus precedentes. Los capítulos iniciales del *Esbozo* ofrecen una reconstrucción hipotética de los albores de la historia de la humanidad. Se adopta en él un análisis de la historia por etapas, es decir, entiende el desarrollo histórico como progreso por etapas diferenciadas. Los filósofos escoceses Adam Ferguson (1723-1816) y Dugald Steward (1723-1816) desarrollaron este análisis, y en Francia lo hizo el mentor de Condorcet, el barón Turgot

(1727-1781). El método de Condorcet es, sin embargo, peculiar. En vez de plantear que la historia culmina en presente, su análisis está más bien orientado al futuro, plantando así las semillas de la historiografía decimonónica de escritores utópicos y socialistas como Comte, Marx y Spencer.

Las tres «épocas tempranas» de la historia del análisis de Condorcet —la formación de hordas, la formación de grupos de pastores y la invención del alfabeto— culminan en la aparición de la sociedad agrícola. En las épocas cuarta y quinta, las de la Grecia clásica, podemos rastrear los comienzos de la ciencia a partir de Pitágoras, a quien Condorcet considera precursor de Descartes y Newton. Sin embargo, con la aparición de la ciencia surge el conflicto entre ciencia y superstición, y la muerte de Sócrates es considerado «el primer crimen urdido y ejecutado por la guerra entre filosofía y religión». A esta etapa le sigue la decadencia, primero con los romanos, cuyo despotismo militar impide la «tranquila meditación filosófica y científica», y a continuación, de un modo más grave, con la llegada del cristianismo, ya que la ciencia suponía una amenaza para la credibilidad de los milagros, por lo que debía ser aplastada. Dicho concisamente: siendo la ciencia la línea de defensa más poderosa contra la superstición, la decadencia de las ciencias revitalizará la superstición, haciendo inevitable la vuelta a la barbarie. En este argumento es crucial la asociación postulada por Condorcet entre ciencia y civilización, y es el problema de la superstición el vínculo que las une. La superstición es el obstáculo de la civilización. Ni las artes, ni el buen gobierno ni el nacimiento de la sociedad comercial pueden impedir que lo sea. Solo la ciencia es capaz de hacerlo.

Las épocas posteriores que Condorcet distingue cubren la transición al periodo moderno en el que las ciencias y la filosofía se sacudieron el «Yugo de la Autoridad». Las ciencias y la civilización, entrelazadas permanentemente, nunca lo están tanto como en el último capítulo, la «décima época», que «describe el progreso futuro de la humanidad». Se nos dice que resulta patente, «partiendo de la observación del progreso realizado hasta el momento por las ciencias y la civilización», que «la naturaleza no ha puesto límites a nuestras esperanzas».

La ciencia garantiza el carácter abierto del desarrollo histórico. Esta idea novedosa va, por ejemplo, más allá de la noción d'alembertiana del presente como culminación de los logros del pasado. La misma idea de continuidad con el pasado, asumida tanto por los antecesores de D'Alembert como por los pensadores cristianos, es cuestionada en el revolucionario programa de los últimos capítulos del *Esbozo*. Lo que conduce el movimiento hacia la forma nueva de sociedad que Condorcet preconiza no es el desarrollo de las artes o de los sistemas de gobierno en cuanto tales, sino las ciencias, incluyendo la nueva ciencia de la economía política. Como materialización de la razón, la ciencia se sitúa por encima de los acontecimientos que describe la historia, ofreciéndonos una guía prescriptiva que nos permite garantizar no únicamente la libertad frente a la barbarie y la superstición, sino algo de potencial ilimitado.

Revolución y reacción

La Revolución francesa ocupa un lugar especial en la historia de la filosofía. Tanto para sus defensores como para sus

detractores, es el ejemplo supremo de filosofía hecha realidad, al modo de la estatua de Condillac. El hundimiento
de la soberanía real en 1789 parecía una vindicación de
ideas centradas en la autoridad de la religión y la tradición,
no en última instancia las promulgadas por la concepción
científica de la historia de Condorcet. Pero como Francia
se precipitó en un baño de sangre, fueron muchos los que se
apresuraron a culpar a la filosofía del ataque a las normas
heredadas que derivó, más que en la igualdad política, en una
carnicería.

En una serie de escritos en defensa del trono y el altar, el
diplomático saboyano Joseph de Maistre (1753-1821) llegó
a considerar la Revolución un suceso providencial, un castigo divino por la *hybris* de la Ilustración. Con Edmund
Burke escribiendo al otro lado del Canal, De Maistre se
convirtió en la voz de los damnificados por el destino si-
niestro de la política fundamentada en la razón y la abstracción en vez de en la fe y la tradición. Pensar que somos ho-
jas en blanco en las que escribir nuestra evolución filosófica
era parte del problema. Inspirado por Malebranche, no se
anduvo con sutilezas a la hora de burlarse: «el desprecio a
Locke es el principio del conocimiento». Pero De Maistre
no estaba aquí negando la filosofía de la historia como tal;
lo que ofrecía era una alternativa: un contrapunto al pro-
gresismo de Condorcet. La crítica posterior del totalitarismo adoptaría una posición parecida, ya en el siglo XX. Escépticos frente a toda filosofía —ya de Rousseau, ya de
Marx— supuestamente capaz de conocer la dirección de la
historia, los conservadores darían un uso nuevo a modalidades anteriores de empirismo para sugerir que la historia
es un proceso fragmentario, un producto de la experiencia

ante la contingencia. Sin embargo, afirmar que la historia es contingencia es una pretensión tan filosófica como la de atreverse a describir sus necesidades.

Lo que conviene tener presente es que la Ilustración —y en particular la Ilustración francesa— sigue siendo hoy una referencia esencial para las diversas formas de entender la relación entre la filosofía y la política. El filósofo alemán Reinhart Koselleck afirmaba que la Revolución francesa inicia la «patogénesis de la modernidad». Habiendo establecido un espacio de crítica fuera de la esfera política, los pensadores ilustrados inspiraron a los revolucionarios a reivindicar un cimiento moral que, de algún modo, estaría «fuera» y «más allá» de la política y que sería, no obstante, hostil a la religión establecida. La inescrutabilidad de este cimiento se convirtió en un problema y en la licencia para todo tipo de desventuras políticas, lo que proporcionó la clave de la metáfora de Kosellek, que entiende la modernidad como una suerte de enfermedad. Tal es el punto de vista «conservador». Sin embargo, muchos historiadores contemporáneos señalan a la «Declaración de los derechos del hombre y del ciudadano» promulgada en 1789 como el fundamento de los derechos humanos modernos. De acuerdo con este planteamiento, por sangrienta que resultase en la práctica, la Ilustración sigue siendo la promesa incumplida por cuyo cumplimiento seguiría mereciendo la pena esforzarse.

Un filósofo profundamente influenciado por la política revolucionaria francesa fue nada menos que Karl Marx (1818-1883). La famosa 11.ª tesis sobre Feuerbach, que afirma que «hasta hoy, los filósofos se han limitado a interpretar el mundo; de lo que se trata es de cambiarlo», puede interpretarse como un eslogan *a posteriori* del mito de la Ilustración y su relación con la Revolución francesa. Pero Marx se inspiró también en un movimiento que adquirió su fama a raíz de la Revolución: el socialismo. Henri de Saint-Simon (1760-1825) acuñó el término en un esfuerzo por articular una utopía que sirviese de alternativa al individualismo desbocado de finales del siglo XVIII.

Saint-Simon inspiró a muchos, incluido el anarquista Pierre-Joseph Proudhon (1809-1865), cuya idea más básica —la propiedad es un robo— ofrecería un vínculo entre las teorías de Rousseau y las de Marx. Pero, posiblemente, el más importante de los seguidores de Saint-Simon fue Auguste Comte (1798-1857).

Comte

El punto de partida de Comte fue la importancia de la Revolución francesa. A diferencia de muchos de sus contemporáneos, no consideró la Revolución una aberración, como un fenómeno que debe situarse en una línea temporal de largo alcance definida por la separación entre los poderes espirituales y temporales. Los comienzos de la decadencia y el arrinconamiento de los primeros por el poder secular los sitúa Comte a finales del siglo XIII, y es aquí donde cabe fechar el nacimiento de la «historia moderna». Este proceso culmina con la Revolución francesa. El periodo que se asocia a esta, la Ilustración, era parte de lo que Comte identificaba con la etapa de transición entre la teología y el Estado positivo (es decir, construido científicamente). Tal Estado sería no el resultado de las ideas ilustradas por sí mismas, sino del progreso de las ciencias y la industria. Las ideas ilustradas asociadas a estos progresos, que denomina «metafísicas», fueron efectivas en la tarea de minar el edificio teológico y monárquico de la Europa prerrevolucionaria, pero provocan desequilibrios sociales, carecen de autoridad moral y son, por tanto, incapaces de producir la necesaria transición a una nueva forma de sociedad equilibrada.

La forma en que Comte imaginaba esta sociedad equilibrada cambiaría drásticamente entre el *Curso de filosofía positiva* (1830-1842) y el *Sistema de política positiva* (1851-1854). En el primero ofrecía una concepción secular de la sociedad positiva, mientras que en el segundo, más bien una «religión de la humanidad». El primero fue enormemente influyente en el siglo XIX, mientras que el impacto del segundo se limitó a los estrechos círculos de los comteanos y, en general, fue ridiculizado fuera de ellos: el historiador británico Henry Buckle (1821-1862), por ejemplo, defensor acérrimo del *Curso*, subrayó que el *Sistema* contiene:

Un sistema de gobierno tan monstruoso y obviamente impracticable que, de traducirse al inglés, el hombre común de nuestra isla quedaría asombrado y sugeriría con toda probabilidad que el autor fuese inmediatamente internado por su propio bien.

Sin embargo, en ambos casos, en el estadio «positivo» final emergía una nueva forma de autorreflexión: «la física social», como la denominó inicialmente, luego convertida en «sociología». El modelo explícito de la física social fueron el resto de las ciencias: las matemáticas, la astronomía, la física, la química, la biología. Esta aparece en el examen minucioso de la historia y la naturaleza de las ciencias que lleva a cabo en el primero de los cuatro libros del *Curso*, que dedica, en buena medida, a analizar cómo se convirtió en ciencia cada una de estas disciplinas. Es de aquí de donde Comte extrae su análisis del método científico, que aplica a continuación a la única área no sometida a tratamiento científico: la física social. Sin embargo, la fundamentación de la física social como ciencia conlleva una forma correspondiente de praxis: su uso será la transformación de la política. La física social, como praxis intelectual, tiene un efecto directamente transformador de las potencialidades inherentes a la vida social y política.

Para Comte, la sociedad habría de reformarse sobre una base resueltamente científica y lo crucial para este proyecto sería la estratificación de las ciencias de acuerdo con su orden jerárquico: matemática, astronomía, física, química psicología y «física social». En el último estadio del desarrollo social, el «positivo», la física social, la forma reflexiva que atrapa y acompaña el desarrollo histórico del entendimiento, ofrece la única perspectiva genuina desde la que cabe fundamentar el carácter absoluto de la pretensión al conocimiento. Pero su extenso análisis de la física social de los volúmenes V y VI del *Curso* viene precedido por el volumen IV, sobre química y biología. La sección sobre biología es la última en la serie que dedica a las ciencias naturales, pero, de algún modo, es también la primera en la de ciencias humanas. La secuencia de las sociedades que desarrolla en los volúmenes V y VI se apoya explícitamente en al análisis biológico que emprende en el volumen IV. La civilización, por ejemplo, se expone desde una óptica que mezcla lo histórico y lo biológico, y las comparaciones las establece tanto con animales como con estadios sociales primitivos:

La influencia de la civilización en la mejora permanente de las facultades intelectuales es aún más incuestionable que la influencia que ejercen sus efectos sobre las relaciones morales. El desarrollo del individuo nos muestra a pequeña escala, tanto de tiempo como de grado, las fases principales del desarrollo social. En ambos casos, el fin es subordinar la satisfacción de los instintos personales al ejercicio habitual de las facultades sociales, sometiendo, al mismo tiempo, todas nuestras pasiones a reglas impuestas por una inteligencia cada vez más desarrollada con vistas a identificar gradualmente al individuo con la especie. Desde una perspectiva anatómica, deberíamos decir que el objetivo es que los órganos de los sistemas cerebrales adquieran con el uso capacidad de influencia, aumentando proporcionalmente a su distancia de la columna vertebral y su proximidad a la región frontal. Tal es el tipo ideal que permite concebir el curso del desarrollo humano en el individuo y, aún en mayor medida, en la especie. Este punto de vista nos habilita para distinguir las partes naturales de las partes artificiales del desarrollo, siendo natural la componente que eleva lo humano por encima de los atributos animales, y artificial la que consigue que cualquiera de las facultades gane preponderancia a despecho de su debilidad original: es precisamente aquí donde encontraríamos la explicación científica al eterno conflicto entre nuestros lados humano y animal.

El empeño comteano en fundamentar su análisis de la humanidad fue, con todo, muy selectivo. Desestimó una serie de avances científicos por considerarlos «metafísicos». En biología, por ejemplo, la teoría celular le recordaba a la doctrina metafísica de las mónadas de Leibniz, por lo que la rechazó. De un modo menos evidente, consideró metafísicas la astronomía sideral y la teoría de la probabilidad. Al mismo tiempo, en un gesto revelador, manifestó hostilidad a la investigación experimental, que podría llevar a descubrimientos incómodos susceptibles de generar nuevas incertidumbres. No obstante, el núcleo del proyecto comteano fue el compromiso con la visión científica de civilización.

El espiritualismo

Si el proyecto de Comte era una continuación del enfoque científico de la política y la sociedad que favoreció el análisis de Condorcet, otros esfuerzos decimonónicos extrajeron su fuerza de las viejas tradiciones teológicas. Poco leídos en la actualidad, pensadores como Maine du Biran, Victor Cousin y Félix Ravaisson llegaron a definir el movimiento que se conoció como «espiritualismo». La historiografía decimonónica de la filosofía europea tendió a centrarse en Alemania. Después de todo, esta fue la época de Kant, Hegel, Marx y Nietzsche. Y es posible sostener que estos pensadores tuvieron mayor influencia sobre la filosofía francesa del siglo XX que ninguno de sus predecesores galos del mismo periodo. Sin embargo, conviene reseñar la importancia del espiritualismo y su papel de puente entre la filosofía francesa de la modernidad temprana y la de la tardía.

A la respuesta de De Maistre a la Revolución la acompañaron otras obras de apologetas cristianos como *El genio del cristianismo*, de Chateaubriand (1802), una encendida defensa de la fe católica. Obra y autor hicieron mucho por estimular el movimiento romántico en las letras francesas.

Como su contraparte alemana, el romanticismo francés enfatizó el sentimiento y la sensibilidad como fuentes del yo en detrimento de la racionalidad abstracta. El espiritualismo proporcionó al romanticismo un cariz teológico al encontrar en el yo sensible una entidad que no se dejaba reducir a las regularidades normativas de la ciencia.

En filosofía, el espiritualismo decimonónico comienza en Maine du Biran (1766-1824). Originalmente empirista en la senda de Condillac y Locke, Maine du Biran llegaría luego a destacar la importancia de la voluntad. Pero en la fase final de su carrera, tras reconciliarse con la Iglesia, desarrolló una suerte de teosofía mística en la que la vida interior del hombre mantiene una suerte de unidad con Dios a través de los mecanismos de la gracia divina. En estas aportaciones volvemos a encontrarnos con ciertas ideas malebrancheanas. Incapaz de dar unidad a las diversas esferas de la sustancia cartesiana, a saber, la mente y la materia, Malebranche se había contentado con fundar esta unidad en Dios mismo, esa figura en la que «vivimos y nos movemos y somos» (Hechos de los Apóstoles, 17: 28). Maine de Biran propuso una solución que resultaba convincente también para pensadores que no compartían sus ideas religiosas. Un filósofo persuadido por al menos algunos de los puntos de vista de Maine de Biran fue Victor Cousin (1792-1867), una figura que habría de desempeñar un papel esencial en la evolución de la educación en la Francia del siglo XIX por su labor como ministro de Instrucción Pública durante la monarquía de julio. La nacionalización de la educación con la filosofía como su culminación que es reconocible aún hoy para cualquiera que esté familiarizado con el sistema escolar francés hunde sus raíces en los trabajos de Cousin.

En cuanto a las ideas, Cousin se destacó por desarrollar el espiritualismo de Maine de Biran —cuyos escritos publicó póstumamente— en diálogo con el idealismo alemán. Como Kant, Cousin pensaba que la investigación filosófica comenzaba en la psicología, pero solo como medio para alcanzar conclusiones más fundamentales. Se distanció de la acogida que brindó Hegel al proyecto kantiano por considerar la doctrina del ser absoluto de este último como una abstracción. Para Cousin, el lugar del ser siguió estando en la conciencia, y su fundamento, en la sensación. Es así como el énfasis en la sensibilidad da paso al espiritualismo. Aquello que se considera más allá de la representación hasta el punto de trascender los conceptos y el procedimiento científico se toma por metafísicamente fundamental. Hegel veía el Espíritu en la Historia Mundial. Cousin no *veía* el espíritu en ninguna parte. Era el fundamento de la experiencia, lo que hace posible cualquier modo de ver.

Asociamos también a Cousin con el eclecticismo filosófico. Tomó tantas ideas prestadas de una serie de contemporáneos y precursores suyos que resulta difícil señalar lo específico de sus aportaciones. Con todo, su influencia se hizo sentir durante el resto del siglo XIX, sobre todo gracias a su alumno Félix Ravaisson (1813-1900). Menos ecléctico que su mentor —a quien criticaba en este aspecto—, la fama de Ravaisson se debe fundamentalmente a su librito *Del hábito,* cuya primera edición apareció en 1838. El libro considera que la repetición del hábito es una puerta de acceso a la metafísica de la naturaleza, la que se inspiraba en otro de los maestros de Ravaisson: F. J. W. Schelling. Para un pensador como Hume, el viraje hacia el hábito ofrecía una vía para socavar la metafísica, sustituyendo las relaciones teóricamente necesarias por secuencias contingentes. Para Ravaisson, el hábito era un cruce metafísico, el lugar de encuentro entre la conciencia y la naturaleza. De modo parecido, los pensadores del siglo XX, de Heidegger a Deleuze, encontrarían en la repetición «mecánica» nuevas formas de concebir los fundamentos ontológicos de la mente.

Si estos pensadores son leídos aún hoy en día, lo son en cuanto precursores, una categoría que suscita el escepticismo de los historiadores. Le demos la importancia que le demos, el fenómeno del espiritualismo del siglo XIX complica los argumentos autocomplacientes de los filósofos «ilustrados», o de orientación científica, defensores de una visión progresista de la filosofía francesa basada en el rechazo a la religión.

La filosofía en la Tercera República: Brunschvicg y Bergson

El positivismo de Comte fue el símbolo del pensamiento social francés de la Tercera República (1871-1940). Nacida de la derrota de los franceses a manos de los alemanes, y tambaleándose por la violencia de la Comuna de París, durante la Tercera República la filosofía francesa adquiere un carácter cada vez más nacionalista. Todo lo alemán debía tratarse con escepticismo, si no con desprecio; fuesen las que fuesen, las virtudes del idealismo conducían al militarismo. Las tradiciones locales se revelaron esenciales.

La ciencia de la sociedad de Comte inspiró la sociología de Émile Durkheim (1858-1916), que trataba la sociedad como una totalidad orgánica susceptible de descripción desde el punto de vista de los «hechos sociales». El mandamiento positivista de atenerse únicamente a los hechos mismos, y la prohibición de las inferencias metafísicas grandiosas o especulativas, permearon la cultura. La pintura impresionista de Claude Monet le parece borrosa a los no iniciados, pero la técnica era positivista por cuanto Monet pintaba precisamente lo que veía, y lo que veía cambiaba y se modificaba en función de la luz y la perspectiva. De modo semejante, en sus novelas, Émile Zola se limitó a describir sin juzgar, negándose a culpar a personajes cuyo comportamiento era atribuible a su entorno y su historia. Este «naturalismo» revelaba la sociedad tal cual era, no como nos gustaría que fuese. En este sentido, el género literario era una continuación del proyecto comteano.

Más allá de su prestigio como novelista, Zola alcanzó la fama con su «J'Accuse», artículo periodístico de 1898 en el que condenaba la hipocresía del Caso Dreyfus. El antisemitismo presente en el juicio contra el coronel Alfred Dreyfus —acusado de traición y espionaje a favor de los alemanes— era contrario al espíritu igualitario de la República. Si los filósofos de la Ilustración habían ayudado a forjar la esfera de lo público fuera del alcance del poder del Estado, Zola fue un continuador de la tradición que se remonta a ellos y el primero en personalizar la figura del intelectual del siglo XX. Aun careciendo de autoridad política, Zola defendió los valores de una república ideal que no cumplía sus promesas. Los pensadores de la derecha que no estaban de acuerdo con Zola, como por ejemplo Maurice Barrès, acuñaron el término «intelectuales» con carácter peyorativo para designar a quienes basaban su crítica al poder del Estado en sus propias abstracciones.

Uno de los resultados del *affaire* Dreyfus fue el de integrar aún más profundamente los valores republicanos en el sistema de enseñanza superior. Entre los partidarios de Dreyfus se encontraba el filósofo y adalid del neokantismo francés, o «idealismo crítico», Léon Brunschvicg (1869-1944). Con Xavier Léon y Élie Halévi, Brunschvicg fundó en 1893 la *Revue de méthaphysique et de morale*, una revista que, a día de hoy, sigue siendo una de las más respetadas en el ámbito de la filosofía francesa. Años más tarde formaría la Société française de philosophie, aún árbitro destacado en los círculos profesionales parisinos. Desde 1909 estuvo destinado en la Sorbona, donde daría forma al plan de estudios nacional. Su influencia fue perceptible en la conformación de los planes de bachillerato y del examen de *agrégation*, prueba que debían superar los aspirantes a profesores de filosofía para poder ejercer su profesión en Francia.

Profundamente hostil al idealismo alemán —una vez llegó a afirmar que Hegel tenía la edad mental de un niño de 12 años—, Brunschvicg no consideró problemático recurrir con frecuencia a Kant para escribir toda una serie de obras que celebraban la naturaleza progresiva de la ciencia y la historia filosófica y que sirvieron para legitimar a la Tercera República como entidad político-cultural. Su primer estudio, *La modalidad del juicio* (1893), constituía un puente entre el espiritualismo y el neokantismo, tendencia más orientada a la epistemología. *Las etapas de la filosofía matemática* (1912) era una historia comprehensiva de las matemáticas que inspiraría los objetivos de la historia de la ciencia del siglo XX desde el periodo de entreguerras hasta la visión arqueológica de las ciencias, defendida por Michel Foucault.

Con razón, para muchos, la llegada de la fenomenología alemana explica el surgimiento de la filosofía francesa de la ciencia. Pero la insistencia brunschvicgiana en la naturaleza integral de la teoría y la práctica científicas en la historia —sobre todo evidente en el estudio *La experiencia humana y la causalidad física*, de 1922— sentó las bases de una buena parte de este ámbito de la filosofía francesa.

Su última obra importante se propuso, en el terreno de la historia de la moralidad, lo que ya se había propuesto en libros anteriores en los de las matemáticas y la física. Sin embargo, tras la Primera Guerra Mundial, y en medio de la crisis política y existencial que esta había desencadenado, al optimismo brunschvicgiano le fue difícil ganar nuevos adeptos. En 1932, un joven Paul Nizan publicó *Los perros guardianes*, una arenga marxista que señalaba a Bruschvicg como apologista burgués, cuyo idealismo habría sido refutado con facilidad por la filosofía «materialista». Jean-Paul Sartre, amigo de Nizan, ahondaría en su compromiso con el marxismo con la intención de socavar las justificaciones filosóficas de la Tercera República que ofrecía la obra de Brunschvicg. Pese a su enorme importancia e influencia, Brunschvicg es apenas leído en la actualidad. Judío secular, sobrevivió a la caída de Francia y murió en el exilio interior en Aix-en-Provence en 1944.

Con su insistencia integrativa en las ciencias, la obra de Brunschvicg influyó en la formación del estructuralismo francés, aun cuando la visibilidad de dicha influencia haya sido eliminada por una generación posterior de pensadores que se concibió a sí misma como nacida de la ruptura con el pasado filosófico. En ese proceso, el componente neokantiano tuvo un peso fundamental. Paul Ricoeur describió en una ocasión la antropología estructural de Claude Lévi-Strauss como «kantismo sin sujeto trascendental». Una descripción similar podría aplicársele al intento foucaultiano de descubrir el «apriori histórico» que tornaría la historia de las ciencias en algo inteligible. Brunschvicg se apoyaba en Kant para combatir el psicologismo y las abstracciones ahistóricas del positivismo lógico. Y, como hemos señalado ya, carecía de paciencia para hablar del Espíritu del Mundo. La inteligibilidad de la ciencia histórica procedía de su propia unidad interna. Algunos estudiantes afines, como Jean Cavaillès, llegarían a considerar que Brunschvicg seguía atribuyendo excesiva relevancia a lo biográfico en la historia científica. Pero extenderían el factor estructural de su pensamiento en otras direcciones, que estudiaremos en el capítulo 5.

Junto a la psicología y el positivismo lógico, el otro gran enemigo filosófico de Bruschvicg fue el espiritualismo, especialmente en su expresión tardía: la filosofía procesual de Henri Bergson (1859-1941). A primera vista, podría parecer extraño considerar a Bergson heredero del espiritualismo. Su idea más célebre fue la del *élan vital*, el concepto que encarnaba el sustrato irrepresentable de la experiencia y la duración que nuestras facultades mentales captan y fijan en conceptos e imágenes. El término permite entender por qué se considera «vitalista» a Bergson junto con otros filósofos de la vida como Nietzsche y Dilthey. Pero claramente la distinción entre vida y espíritu era falsa para Bergson. Una buena parte de su trabajo se centró en recuperar esos aspectos de la existencia que una obsesión con la representación espacial derivada de Descartes había oscurecido.

Basándose en el rechazo del mecanicismo que veía resurgir en las ciencias sociales positivistas y sus avatares neokantianos, la filosofía de Bergson cautivó con rapidez la imaginación del público francés del fin de siglo. Su primer libro, *Ensayo sobre los datos inmediatos de la conciencia* (1889), propuso resolver el dilema del compatibilismo precisando que el problema de la relación de la libertad con el determinismo físico estaba mal planteado. El examen de la experiencia inmediata mostraría que el mundo no es estático y no lo determinan movimientos que obedezcan a ley alguna, sino que es, más bien, una experiencia difusa de la duración temporal. Las teorías de la percepción derivadas de Descartes y Locke se proponían entender cómo los datos procedentes de los sentidos podían adecuarse a las formas de la representación codificadas en nuestra mente. Bergson cambió el planteamiento general del problema al centrarse en la intensidad cualitativa de la duración; no cabe hablar de un problema de adecuación entre el adentro y el afuera porque solo hay un único proceso, enraizado en la unidad temporal de la mente y el mundo.

El siguiente libro de Bergson, *Materia y memoria* (1896), desarrolló estas ideas. Inspirado por la concepción ravaissoniana del hábito, Bergson entendió la memoria como el lugar de unión de la mente y el mundo, de la que hablaba en su primer libro. Cuando percibimos datos, su forma no procede de las características trascendentales de la mente, como proponía Kant, sino de la totalidad de imágenes que la memoria acumula. Llegamos a reconocer las cosas gracias a la repetición. Si aquí el afecto no parece emparentado con el sobrio empirismo humeano, la proximidad del punto de vista —*contra* el de diversas formas de idealismo— debería resultar clara. No en vano las ideas de Bergson interesaron al pragmatista estadounidense William James. De modo semejante, Gilles Deleuze vincularía a Bergson con Hume como padres de una forma peculiar de «empirismo trascendental».

La retórica bergsoniana y el uso de nociones como «intuición» o «intensidad cualitativa» calaron en el público, pero también contribuyeron a que su obra se ganase la antipatía de la filosofía analítica, en ascenso por aquel entonces en el mundo de habla inglesa. Gilbert Ryle, acólito de Bertrand Russell e importante filósofo de la mente por derecho propio, comentó en una ocasión que tratar de explicar la vida apelando al *élan vital* era como explicar el funcionamiento de un tren apelando a su *élan locomotive*. El ejemplo es oportuno, aunque es de Leibniz de quien procede el argumento, de su analogía entre la mente y un molino: por sutil o pequeña que pueda ser la propia escala, no nos será nunca posible encontrar, dentro de la cabeza, al molinero que hace que todo en ella funcione. Bergson, por su parte, no consideraba su idea de *élan vital* —en su acepción más general, la que figura en *La evolución creativa* (1907), su obra más popular— como un ejemplo del problema del homúnculo, sino como una solución a él. El problema de la epistemología y las filosofías de la mente radica en que siguen buscando garantes del conocimiento dentro de la cabeza. En el símil de Bergson, no hay interior ni exterior, sino, una vez más, un proceso singular.

Bergson obtuvo desde muy pronto el favor del público. En 1896 estaba ya enseñando en el Collège de France. Sin pretenderlo, sus conferencias contribuirían al renacimiento católico de Francia al motivar la conversión religiosa de Jacques Maritain (1882-1973) y su mujer Raïssa. Aunque Maritain llegaría a escribir una condena de la filosofía de Bergson, el carácter esencialmente integrador del personalismo, su propia doctrina posterior, desempeñaría un papel fundamental en su doctrina de los derechos humanos, esbozada durante la Segunda Guerra Mundial, doctrina que habría de ser motivo de inspiración de la Carta de las Naciones Unidas. Judío secular él también, Bergson se acercaría a la temática del misticismo católico, en especial en su última obra, *Las dos fuentes de la moralidad y la religión* (1932), pero no llegaría a convertirse.

Oxford concedió un doctorado honorario a Bergson en 1909 y en 1914 fue elegido miembro de la Académie Française. Fue Premio Nobel de Literatura en 1930, regalo envenenado para un filósofo, ya que el premio en realidad encomiaba la calidad literaria de su obra más que sus valores (pero, dicho sea todo, Bertrand Russell obtendría el mismo galardón en 1950). Muchos hechos contribuyeron a eclipsar el ascendente de Bergson. Su filosofía del tiempo dio lugar a comentarios desacertados sobre la teoría de la relatividad einsteiniana. Su creciente misticismo resultaba tan poco atractivo como el idealismo brunschvicgiano a una generación deseosa de encontrar nuevas fuentes filosóficas. Heidegger contribuyó a este menosprecio al usar en repetidas ocasiones la doctrina bergsoniana de la intuición como un borrador de su propia y más radical «ontología fundamental» en *Ser y tiempo* (1927). El «tiempo» había sido una ocupación distintiva del pensamiento bergsoniano, pero ahora una nueva autoridad cautivaba a los pensadores franceses que reflexionaban sobre él.

Recientemente asistimos a un resurgimiento de Bergson en buena medida gracias a la obra de Gilles Deleuze y también al creciente aprecio histórico de la contribución de Bergson a estimular el desarrollo de la fenomenología, de Maurice Merleau-Ponty a Emmanuel Levinas. No en vano este último describió la aparición de la fenomenología como el advenimiento del «auténtico bergsonismo». Lo que esto sugiere es que hay tantas continuidades como rupturas en el desarrollo histórico de la filosofía francesa. En el capítulo 5 nos ocuparemos del lugar de la fenomenología en la historia.

5. La filosofía en tiempos de guerra: la fenomenología y el existencialismo

Poco después de la muerte de Michel Foucault en 1984, la *Revue de métaphysique et de morale* publicó un artículo titulado «La vida: la experiencia y la ciencia». Escrito originalmente como introducción a la traducción inglesa del estudio de los conceptos de la medicina de Georges Canguilhem, titulado *Lo normal y lo patológico*, el ensayo contenía reflexiones de Foucault sobre la filosofía francesa en sentido amplio. Fundamental en su exposición es una contraposición programática que ha venido usándose regularmente desde entonces para describir los conflictos que han conformado el pensamiento francés moderno. Más allá de desacuerdos entre marxistas y no marxistas, o de opiniones encontradas sobre el valor del psicoanálisis, Foucault veía una «línea divisoria» que recorría el siglo y lo atravesaba todo:

> Es la que separa la filosofía de la experiencia, del sentido, del sujeto, y una filosofía del conocimiento, de la racionalidad y

del concepto. Los de un lado, agrupados en torno a Jean-Paul Sartre y Maurice Merleau-Ponty; los del otro, en torno a Jean Cavaillès, Gaston Bachelard, Alexandre Koyré y Canguilhem.

Indudablemente, Foucault se percató de que las raíces más profundas de esta línea divisoria se retrotraían al siglo XIX, por ejemplo a las tradiciones divergentes que procedían de Maine du Biran y de Comte. Y otros han reorientado el planteamiento de Foucault con buenos resultados. En su tratado de 2006 *Lógicas de los mundos*, de 2006, Alain Badiou sitúa su interés por las matemáticas en la tradición procedente de Brunschvicg más que en la de Bergson. Por esos mismos años, la gran historiadora del psicoanálisis francés Élisabeth Roudinesco afirmaba que quizá lo más acertado fuese pensar en la distinción foucaultiana como en un modo de distinguir entre cartesianismo y spinozismo. Que el lado cartesiano viniera a representar el de la experiencia y el significado más que el de la racionalidad del concepto es uno de los giros más curiosos de esta historia, una parte de cuyas raíces podría buscarse en el acontecimiento intelectual definitorio de los años de entreguerras: la recepción de la fenomenología alemana en Francia a través de las obras de Edmund Husserl y Martin Heidegger.

Las adaptaciones de la contraposición de Foucault han acabado oscureciendo la especificidad de su afirmación: que, pese a los antecedentes, la división que se había verificado en la filosofía francesa del siglo XX tenía su origen en la recepción contradictoria de la fenomenología y de su importancia histórica. Si pensadores como Sartre o Merleau-Ponty habían trabajado inicialmente bajo la influencia de la obra de Husserl, pronto quedaron atrapados por la vía existencial de la fenomenología de Heidegger. Los filósofos de la ciencia, en el otro lado de la divisoria, seguían los planteamientos lógico-formales del pensamiento husserliano; más concretamente, el intento de elaborar una ontología que fundamentase, más que socavase (tal como la obra heideggeriana sugería) la racionalidad científica. Cuando Husserl presentó por primera vez la fenomenología a una audiencia parisina, en 1921, lo hizo dando a sus conferencias el título de «Meditaciones cartesianas». La elección del título era halagadora para sus anfitriones, pero también revelaba el alcance de la autoestima de Husserl. Para él, la fenomenología revitalizaba el cauce fundamental de la filosofía moderna. Al parecer, Merleau-Ponty siguió con atención las conferencias, aunque no hablaba alemán. Cavaillès estuvo también presente y creyó entender que la fenomenología podría contener los recursos necesarios para fundamentar filosóficamente la teoría matemática de conjuntos.

La llegada de esta novedosa manera de pensar coincidió con el redescubrimiento de un gigante alemán del siglo anterior: G. W. F. Hegel. Despreciado durante años como apologista del militarismo, Hegel fue englobado junto a Husserl y Heidegger como pensador de la existencia y antídoto tanto del anémico neokantismo de Brunschvicg como del vitalismo romántico de Bergson. La figura central en este ámbito es la de Alexandre Kojève, un emigrado ruso que había estudiado fenomenología en Berlín antes de llegar a París. En los años treinta Kojève impartió un ciclo de conferencias en la École Pratique des Hautes Études sobre la fenomenología del espíritu de Hegel al que asistieron los intelectuales emergentes del momento: Sartre, Merleau-Ponty y Simone de Beauvoir, pero también Lacan, Georges Bataille y el novelista Raymond Queneau, quien prepararía la edición de las conferencias de Kojève. El tema central del curso era la dialéctica del «amo» y el «esclavo», primordial en la antropología filosófica de Hegel. Comprendiendo a Hegel a través del prisma de Heidegger, Kojève veía en la historia la lucha por el reconocimiento en forma —en ocasiones literalmente, en otras de modo metafórico, pero siempre omnipresente— de lucha a muerte.

En su perspectiva, el esclavo ocuparía, en última instancia, una posición de relativa ventaja porque era consciente de su dependencia del amo para su misma existencia. La ceguera del amo con respecto a su propia dependencia del esclavo, algo que podría verse como una especie de ignorancia, resultaría ser la causa de su perdición. Esta conciencia de lucha y la idea de que los oprimidos alcanzarían sus objetivos por mor de las leyes de la historia galvanizaron a una generación impaciente con el idealismo de la Tercera República y que arrostraba una crisis política definida por los extremos enfrentados del comunismo y el fascismo. Sin embargo, había algo irónico en la celebridad que alcanzó Kojève. Las mismas conferencias que inspiraron a los intelectuales la idea de que la historia puede ser descodificada planteaban también la idea de que la historia había concluido de hecho con la Revolución francesa y Napoleón. El editor de la edición inglesa de las conferencias de Kojève, Alan Bloom, sería un derechista incondicional en las guerras culturales americanas de los años ochenta del siglo XX. Desde su punto de vista, las conferencias de Kojève ofrecían una imagen convincente de los problemas del hombre poshistórico, un ser que no se ve ya obligado a realizar las tareas clá-

sicas de la historia y habita un Estado universal y homogé-
neo en el que rige un acuerdo efectivo en cuanto a los
principios fundamentales de la ciencia, la política y la religión. Podría no ser una coincidencia que, en la posguerra, la
carrera de Kojève le llevase a ser funcionario de la Comunidad Económica Europea, antecedente de la Unión Europea.

En su análisis clásico de la filosofía francesa del siglo XX,
publicado en 1979, con anterioridad al ensayo de Foucault,
Vincent Descombes considera que lo que caracterizó el
momento de la aparición del existencialismo, en el periodo
de entreguerras, fue el predominio de «las tres haches»
(Hegel, Husserl y Heidegger). Desde la óptica de Descombes, podemos considerar el paso del existencialismo al estructuralismo (y el posestructuralismo) de los años sesenta
y setenta como una transición marcada por el alejamiento
de las «haches» y el acercamiento a los tres «maestros de la
sospecha»: Marx, Nietzsche y Freud. Hoy podemos discre-
par en cuanto a los matices. Heidegger fue tan importante
para los existencialistas como para los posestructuralistas;
la recepción de la obra de Freud comenzó antes de la Segunda Guerra Mundial. Pero el esquema de Descombes sigue siendo plausible; no es tanto una alternativa al de Foucault como un complemento de este.

Nuestra tarea en este capítulo y en el capítulos 6 es pre-
sentar el desarrollo de la filosofía francesa con la ayuda de
estas dos heurísticas. No cabe duda de que los años en torno a la Segunda Guerra Mundial fueron los del predominio de las ideas existencialistas. Pero la crítica estructuralista del existencialismo que hizo su aparición en los años
sesenta no surgió de la nada. Sus antecedentes provienen
también del periodo de entreguerras, de la misma historia

de la recepción de la fenomenología que ayudó a conformar el existencialismo francés. Una indicación tanto de la importancia de esta recepción como de alguna de sus características contingentes puede atisbarse cuando se tiene en cuenta la historia concreta de ciertos textos. Por ejemplo, hemos hecho mención de la importancia de Heidegger en este periodo. Pero ¿qué significó Heidegger para los lectores franceses? A diferencia de Husserl, Heidegger nunca pronunció conferencias en París, y sus contactos personales era escasos en Francia. Kojève, así como los escritos y enseñanzas de su mecenas y compañero de emigración Alexandre Koyré, habían contribuido a difundir las ideas de Heidegger. Pero la primera traducción la realizó un estudiante presencial de las conferencias de Kojève, Henry Corbin, quien más tarde se convertiría en la mayor autoridad francesa (con reconocimiento mundial) en filosofía islámica. En 1931, Corbin publicó las traducciones de dos textos de Heidegger de 1929, *¿Qué es metafísica?* y *De la esencia del fundamento*. Ambos textos se publicaron en un solo volumen en 1938 junto con otras traducciones, igualmente de Corbin, de la introducción a *Ser y tiempo* y amplias secciones del libro de Heidegger sobre Kant. Los temas de esta selección —sobre todo el de la búsqueda del fundamento, siempre elusivo, de la filosofía y el del final de la metafísica— determinaron los puntos de vista de buena parte de la filosofía francesa posterior. Más importantes a corto plazo fueron algunas de las decisiones de Corbin como traductor. Muy notoriamente, tradujo *Dasein* —la palabra clave de *Ser y tiempo*, que literalmente significa *ser-ahí* y pretende describir el rasgo ontológico distintivo de los seres humanos, seres para quienes el ser es incierto— por *réa-*

lité humaine, es decir, «realidad humana». Esta decisión, que habría de marcar la apropiación humanística que Sartre hizo de Heidegger, sería luego objeto de crítica, cuando Heidegger llegó a disfrutar de prestigio como fuente de inspiración del antihumanismo de pensadores como Derrida y Foucault. Por supuesto la traducción no es «incorrecta» (cuando un intérprete realiza una traducción creativa, esta no deja, por ello, de ser exacta). Pero el caso es indicativo del papel que ciertas decisiones, condicionadas por un contexto específico, pueden desempeñar en hacer inteligible la historia de la filosofía, incluso la más reciente.

El resto del capítulo se dedicará a considerar en primer lugar a las luminarias de la época, Jean-Paul Sartre, Simone de Beauvoir y Maurice Merleau-Ponty. La sección final se centrará en examinar qué importancia tuvo la epistemología francesa tras la llegada de la fenomenología, esos «filósofos del concepto» que Foucault estimaba opuestos al primado de la experiencia, el sentido y el sujeto. Centraremos la atención en las afirmaciones y posiciones filosóficas, pero deberá tenerse en cuenta el contexto político. Incluso si el «existencialismo» no parece ser una opción viable en la filosofía académica actual, sea francesa o no, su capacidad para captar la atención de los lectores, particularmente los jóvenes, sigue siendo extraordinaria. Una buena parte del *pathos* del existencialismo radica en que se enfrenta, directamente, a asuntos como la vida o la muerte. Las obras maestras de orientación filosófica de Sartre y Merleau-Ponty fueron publicadas en 1943 y 1945 respectivamente, en el clímax de la Segunda Guerra Mundial. Debemos por ello recordar que la existencia fue un asunto acuciante para los europeos de la primera mitad del siglo XX.

Sartre y Beauvoir

Acaso pueda decirse con justicia que Jean-Paul Sartre (1905-1980) ha sido el filósofo francés más grande del siglo XX. Fue, ciertamente, el que alcanzó mayor renombre. No solo ganó el Premio Nobel de Literatura, sino que lo rechazó, despreciando su tendencia a convertir a los escritores en instituciones. Novelista y dramaturgo consumado, fue autor de una serie de obras filosóficas de primera fila que definieron el existencialismo para lectores del mundo entero.

Recurriendo a autores del siglo XIX como Kierkegaard, Nietzsche y Dostoievski, Sartre reflejó en su obra una perspectiva en la que la existencia carecía de todo sentido preestablecido, para lo cual se valió de una metodología basada casi imperceptiblemente en Husserl. En qué medida Sartre comprendió bien a Heidegger ha sido objeto de debate. Lo ha sido, incluso, hasta qué punto le importaba la obra de Heidegger. No mucho, según explica el mismo Heidegger en la *Carta sobre el humanismo*, aparecida y ampliamente difundida en 1945, poco después de la conferencia de Sartre «El existencialismo es un humanismo». Pese a ello, es indudable el entusiasmo de Sartre por la fenomenología. La leyenda dice que poco después de que su amigo Raymond Aron le explicase que había un nuevo movimiento alemán que te permitiría hacer filosofía a partir de tu experiencia con una copa de cóctel, fue a toda prisa a una librería a comprar el libro de Emmanuel Levinas sobre Husserl y comenzó a leerlo antes de que terminaran de imprimirlo.

Los temas del existencialismo fluyen a lo largo de la obra sartreana. Su novela *La náusea* (1938) sigue las andanzas por Bouville («Villalodo», nombre paródico de Le Havre, donde Sartre era profesor de enseñanza secundaria) del escritor Antoine Rocquentin, un hombre cada vez más asqueado por la patente cosificación de los objetos y la naturaleza que lo rodean. En su trilogía novelística *Los caminos de la libertad* (1945-1949), Sartre reflexiona sobre la caída de Francia y la vergüenza política que supuso para una república que había perdido el rumbo. En estas obras podemos ver, entre otras cosas, la escenificación de la tesis central de su tratado filosófico más importante, *El ser y la nada* (1943), a saber: que «la existencia precede a la esencia».

Si contemplamos la historia de la filosofía con la suficiente amplitud, la idea de que la esencia precede a la existencia nos parecerá una obviedad. Desde una perspectiva platónica, las cosas existentes son instancias de ideas ontológicamente anteriores a ellas, o, en cualquier caso, independientes de ellas. La esencia de la «sillidad» es, en algún sentido, anterior a cualquier silla realmente existente. ¿Cómo podría identificarse una silla si no se sabe qué es una silla? Este ejemplo permite entender cómo un punto de vista como este es compatible con el cristiano. La esencia del hombre, su alma, es anterior o en cualquier caso independiente de los hombres realmente existentes. Dios precede al mundo. De hecho, Dios es la única entidad en la que la esencia y la existencia coinciden de modo perfecto.

La prioridad que se concede a la esencia sobrevivió a la revolución cartesiana de la filosofía. El *cogito*, en cuanto propia esencia, es considerado anterior al cuerpo, al menos en la medida en que su creación por Dios es independiente de las causas materiales que dieron lugar al propio cuerpo. Tal punto de vista se fue volviendo más difícil de sostener conforme los desafíos a la creencia en un Dios creador iban multiplicándose. ¿Y si el mundo fuese simplemente lo que es y nada más? ¿Y si estuviese realmente «lleno de ruido y furia» y «no significase nada»?

Estos temas, aglutinados en una deriva nihilista a lo largo del siglo XIX, son los que Sartre reinterpreta fenomenológicamente para proponer una provocadora filosofía de la libertad. Kierkegaard sostenía que, en un mundo carente de significado, el sentido de las propias acciones solo podría alcanzarse mediante un acto de fe. Despojado de sus elementos teológicos, esto se convertiría en la doctrina sartreana del compromiso político. El mundo no te dirá lo que es correcto; debes elegir. De modo semejante, lo que consideraba un desenlace nihilista de la historia europea había llevado a Nietzsche al deseo de elaborar una nueva teoría de la creación *ex nihilo*.

Tales asuntos eran ajenos al interés original de Husserl, quien había propuesto la fenomenología como método para evitar las trampas del empirismo y el racionalismo. El método consiste en desechar, primeramente, nuestra actitud natural, actitud que nos lleva a creer que tenemos acceso perceptivo directo a los objetos que nos rodean con objeto de redirigir nuestra atención a las formas mismas de su manifestación. Para Husserl, la misma ambigüedad de la fenomenología era acertada, precisamente porque la relación entre la cosa que se manifiesta y el hecho de su manifestación es ambigua.

Pero ¿cómo se nos hace presente el mundo? Tal era también la pregunta kantiana, que le condujo a la filosofía del idealismo trascendental. Husserl pensó que abordar esta cuestión de un modo más riguroso no desembocaría en el idealismo, sino que nos permitiría acceder a las esencias mismas. Cuando observo una hoja verde, si pongo entre paréntesis cuanto haya de particular en una percepción, me encuentro con la percepción del verdor en sí mismo: la esencia (o *eidos*) del verde.

Sartre radicalizaría el punto de vista husserliano. Pues, en última instancia, con independencia de cuán profundamente reduzcamos la propia experiencia —cuán lejos llevemos la *reducción fenomenológica*—, siempre podrá irse más allá. En otras palabras, las esencias que hallamos no se dan simplemente como son. Una vez llegados a la percepción del verdor, ¿por qué no proseguir y preguntar por la forma de tal apariencia? Todo lo que parece estar dado es, en última instancia, el hecho mismo de la existencia. En algún sentido esto suena al *cogito* de Descartes —de aquí las *Meditaciones cartesianas* de Husserl—, pero también apunta a la reinterpretación sartreana de esta tradición. El *hecho* del *cogito* carece de contenido; es mera forma. Cuando se reduce y se reduce para intentar percibir la esencia de la conciencia, se percibe que esta es vacía, su contenido parece siempre venir de otra parte. La existencia de la conciencia precede a su esencia.

El subtítulo de *El ser y la nada* es *Un ensayo de ontología fenomenológica*. Según Sartre, el método fenomenológico muestra en última instancia que solo hay dos clases de seres en el mundo. Está el mundo de la materia, los objetos, las cosas. Cada una de estas cosas es un ser-en-sí. Es completo en algún sentido, el producto de causas naturales y nada más; la raíz deforme del roble que inspira la repugnancia de Roquentin. Por el contrario, la conciencia, el entendimiento, es un «ser-para-sí», incompleto, siempre definido por sus proyectos. (Pensemos en la palabra «proyecto» contenida en «proyectil»: planeemos lo que planeemos, la acción es siempre una especie de proyección hacia el mundo). Sin embargo, según el análisis de Sartre, lo que encontramos cuando emprendemos una descripción fenomenológica de tal «ser-para-sí» es que no hay ser alguno al que describir. El título de la obra de Sartre —*El ser y la nada*— gana algo cuando se traduce al inglés, ya que «nothingness» sugiere la noción de «no-thingness», o ausencia de cualquier coseidad. Sea el *cogito* lo que fuere, no es posible aislarlo y describirlo como una esencia que es completa «en sí».

La falta de esencia en la conciencia está íntimamente ligada a nuestra libertad. Para Rousseau, las trampas de la civilización habían encadenado a los seres humanos en todas partes. En consecuencia, solo podríamos alcanzar la libertad si esta se nos impusiese. Para Sartre, la imposición de la libertad es innecesaria, pues todos estamos «condenados a ser libres». Tal es nuestra «situación», una palabra clave que dio título a los diversos volúmenes de escritos ocasionales sobre política y arte. Siempre nos encontramos en una situación y nuestras alternativas son siempre relativas a una situación. Toda libertad, toda decisión, están ligadas a una situación, que a su vez se conforma en el recalcitrante mundo de los objetos: de los seres-en-sí.

En este sentido, la relación entre «ser» y «nada» puede parecer bastante sencilla. Donde se complican las cosas es en relación con los otros. ¿Cómo se encuentra una nada con otra? En su obra teatral *Sin salida* (1944), el doble escénico de Sartre concluye: «El infierno son los otros». Los otros conforman lo que restringe nuestra libertad. Se nos presentan como se presenta un objeto, pero, al mismo tiempo, nos plantean exigencias, y su mirada, a su vez, nos convierte en objetos.

Una escena famosa de *El ser y la nada* expresa bien estos dilemas. En una discusión «deshonesta», Sartre retrata al camarero de un café que afecta, con perfección algo exagerada, sus modales de camarero. El camarero se comporta con deshonestidad en la medida en que se amolda a su papel con excesiva facilidad, haciendo de sí mismo un objeto y negándose, con ello, su misma libertad. La idea de que la pérdida de libertad y la pérdida vital se relacionan con la rutinización de la propia acción la comparten, casualmente, Bergson y Sartre, lo que sugiere una línea de continuidad que atraviesa la cesura fenomenológica. Pero la verdadera originalidad del análisis sartreano de la deshonestidad —y lo que da a su fenomenología un giro existencial— está en su demostración de que su supuesto contrario, la sinceridad, es, a su vez, una instancia de la deshonestidad. Cuando nos creemos sinceros, nos engañamos a nosotros mismos dando por cierto que no podemos pensar o actuar de otro modo. Tal es lo que viene a significar la sinceridad, algo que niega la propia libertad. La sinceridad es la manifestación última de la deshonestidad. Esto aparece en la reflexión de Sartre en torno a un «homosexual» y el amigo que le insiste en que admita su identidad para así ser realmente honesto y sincero y no avergonzarse de ser quien es. Pero, en la interpretación sartreana, adaptarse a un concepto clasificatorio supone negar la propia libertad no menos que dejar de admitir las consecuencias de los propios actos. Afirmar la propia identidad es consentir la objetualización de uno mismo.

Los escritos de Sartre fueron politizándose paulatinamente. Pese a que nunca llegó a afiliarse al Partido Comunista, se consideró a sí mismo un compañero de viaje del anticapitalismo. También prestó su autoridad a las luchas anticoloniales que sacudieron Francia en las décadas de la posguerra, por ejemplo escribiendo el prefacio a *Los condenados de la tierra*, un texto vital en la historia del anticolonialismo, y *Négritude*, escritos por el psiquiatra y revolucionario de la Martinica Frantz Fanon (1925-1961). Quizá la mayor importancia política alcanzada por un tema nominalmente sartreano no se encuentre en absoluto en un libro de Sartre.

El segundo sexo (1949) de Simone de Beauvoir es una de las obras fundamentales del feminismo moderno. Es bien sabido que Beauvoir afirma en este libro que «la mujer no nace, se hace». En esta frase se condensan varios hilos argumentales. Por un lado, Beauvoir pretende sugerir que no hay esencia de la Mujer anterior a la existencia de las mujeres e independiente de ellas. En este sentido, el conjunto de las mujeres tiene una existencia independiente de cualquier esencia. Por otro, Beauvoir pretende rastrear todas las formas en que se construye la categoría de «la Mujer» del mismo modo en que se construye una esencia y cómo entonces esta esencia construida les es impuesta. Las mujeres constituyen el «segundo sexo» porque el discurso entero de la condición femenina y la feminidad es un derivado del «primer sexo», es decir, el hombre. El libro mismo consta de dos partes. En la primera, dedicada a los «mitos», Beauvoir explora todas las vías que los pensadores han recorrido para explicar y retratar a las mujeres; la segunda se dedica a las experiencias de las mujeres mismas. En ambos casos, la etiqueta es un constructo cuya esencia está aún por materializar, bien imponiéndosela a las mujeres desde fuera, bien generándola las mujeres mismas.

Varias ambigüedades recorren los rasgos existencialistas del feminismo de Beauvoir, y no es la menor el conflicto potencial entre una perspectiva que se centra en el individuo y la construcción creadora de sentido de sus decisiones y actos y un compromiso, no obstante, con la realidad de una identidad de grupo que se mantiene a través del tiempo. Podemos percibir aquí los efectos persistentes del hegelianismo de Kojève, en cuanto punto de vista antropológico de lucha, en la postura de Beauvoir sobre la aparente contradicción entre la historia y la necesidad biológica, en el caso de la opresión de la mujer:

El lazo que la une a sus opresores no es comparable con cualquier otro. La división de los sexos es un hecho biológico, no un suceso de la historia humana. El sexo masculino y el femenino se contraponen dentro del *Mitsein* (ser-con, o ser-junto-a) primordial, y la mujer no ha roto con este. La pareja es una unidad fundamental con sus dos mitades remachadas la una a la otra y la escisión social en función del sexo es imposible. Encontramos aquí el rasgo esencial de la mujer: ella es el Otro de una totalidad en la que ambos componentes son necesarios el uno para el otro.

En términos generales, suele asociarse a Beauvoir con la «segunda ola del feminismo». Si la primera ola buscaba la igualdad de derechos para las mujeres, la segunda ola hizo hincapié en las diferencias reales entre los sexos y en la necesidad de que las mujeres creasen para sí una identidad independiente de la producida por una historia dominada, en términos efectivos, por hombres, para, así, dejar de ser «el Otro». Pero ya hay anticipaciones evidentes de la «tercera ola» en la obra de Beauvoir, por ejemplo en su insistencia en una tensión entre la concepción generizada de que la «mujer» es una serie de prácticas y actitudes carentes de esencia original alguna y el «hecho biológico» de la diferencia sexual. Para Beauvoir, la realidad de la diferencia sexual tiene importancia existencial precisamente por las complicaciones que plantea a cualquier idea genérica de la esencia humana.

El segundo sexo fue la obra de mayor importancia teórica de Beauvoir, pero sus numerosas obras de ficción y memorias son esenciales para nuestra comprensión de la filosofía francesa del siglo XX. Habitualmente, en sus escritos se mostraba deferente con Sartre, y juzgaba su propia obra como un derivado de la de este. Sin embargo, no cabe duda de la contribución de Beauvoir al desarrollo intelectual de Sartre. Ambos mantuvieron una de las relaciones intelectuales duraderas más extraordinarias del pensamiento europeo moderno. Por lo demás, fueron pocos los que se mantuvieron al lado de Sartre. Su compañero existencialista Albert Camus rompió con él a causa del conflicto de Argelia, al haber aprobado Sartre las medidas radicales del Front de Libération Nationale. Cuando se le presionó por su falta de apoyo a la lucha violenta anticolonial en el norte de África, Camus, nacido en Argel, reconoció que, entre la justicia y su madre, escogía a su madre. Otros se preocuparon por el creciente compromiso de Sartre con el marxismo, al que, en última instancia, describía como «el horizonte irrebatible de nuestro tiempo». La fidelidad de Sartre al proyecto de la Europa Oriental encendió la ira de Camus y Aron, pero también la de Merleau-Ponty, quien llegó a fustigar a Sartre por su «ultrabolchevismo» en su propio balance de las consecuencias del estalinismo en *Aventuras de la dialéctica* (1955).

Merleau-Ponty

Si Sartre fue el fenomenólogo francés más famoso, Maurice Merleau-Ponty (1908-1961) puede, con sobrados motivos, ser considerado el de mayor importancia filosófica, no en vano su proyecto sigue sirviendo de base a una multiplicidad de programas de investigación aún hoy. Esto, en parte, puede explicarse por la dedicación continuada de Merleau-Ponty a la psicología y a la floreciente ciencia cognitiva. Fiel a la tradición cartesiana, el punto de vista filosófico de Merleau-Ponty no fue hostil a la ciencia. También fiel a la tradición cartesiana fue la preponderancia que dio al problema de la relación entre «mente y cuerpo», la principal preocupación de sus obras mayores, *La estructura del comportamiento* (1942), *La fenomenología de la percepción* (1945) y *Lo visible y lo invisible* (1964), esta última incompleta a su muerte.

Foucault emparejó a Merleau-Ponty y Sartre entre los pensadores de la experiencia y del sujeto. Ciertamente, la experiencia fue una categoría fundamental en el pensamiento de Merleau-Ponty. Puede haberse inspirado en Descartes y en la renovación de su pensamiento a través de la fenomenología de Husserl, pero Merleau-Ponty no fue dualista. Una de sus tesis centrales fue la de que todo intento de separar mente y cuerpo está condenado al fracaso, ya que ambos son el fundamento unitario de la experiencia. Se apoyaba para ello en la evidencia empírica resultante de la investigación del destino de los heridos en la Primera Guerra Mundial. Contra el conductismo positivista, Merleau-Ponty adoptó una perspectiva holística que entendía el cuerpo como un vector mediador de los factores medioambientales. Motivado por las obras del psicólogo alemán Kurt Goldstein, Merleau-Ponty pensaba que la estructura de este campo holístico podría describirse fenomenológicamente. Cuando se suma a su interés por la lingüística estructural de Ferdinand de Saussure, el énfasis que las principales obras de Merleau-Ponty dan a lo estructural complica la narrativa que sostiene que el estructuralismo apareció como alternativa a la fenomenología. El interés por lo estructural se convirtió en un factor unificador del proyecto filosófico de Merleau-Ponty hasta su prematura muerte por paro cardiaco en plenitud de facultades, siendo ya miembro del Collège de France.

La fenomenología de la percepción es la obra cumbre de Merleau-Ponty. En ella construye una alternativa detallada a la tradición empirista que considera que percibir consiste en combinar «datos de los sentidos» en objetos de atención. El gran escollo del empirismo había sido siempre cómo una secuencia de causas físicas —la luz procedente de una fuente (un objeto) que impacta sobre otro (el ojo)— se convierte en percepción, en idea consciente. Es verosímil pensar que la luz pueda viajar por el universo físico sin que tenga lugar percepción alguna. Para Merleau-Ponty esta imagen es sumamente engañosa, como lo es también desde una perspectiva intelectualista o racionalista que considera la mente como sustancia única capaz de sintetizar percepciones partiendo de datos brutos. El cuerpo, hasta el ojo e incluyendo a este, no es distinto de la mente desde la perspectiva de la fenomenología de la percepción. Más bien, es en algún sentido el sujeto mismo de la percepción.

Como Sartre, Merleau-Ponty estaba interesado en proponer una fenomenología de nuestra situacionalidad esencial en el mundo, de nuestra condición de resultado de tradiciones arraigadas y prácticas socioculturales. A diferencia de

Sartre, rehusó construir una teoría de la conciencia como vacío o como nada. El aspecto trascendental de esta teoría era anatema para una filosofía inflexiblemente orientada a la corporeidad. Entre otras cosas, esta perspectiva permitió a Merleau-Ponty desarrollar una teoría de la intersubjetividad más empática y políticamente saludable que la concepción sartreana de la competencia entre miradas objetivadoras.

Más avanzada su carrera, el énfasis en el cuerpo cedería ante una idea más abstracta y metafísicamente ambigua de la «carne» como centro de toda reducción fenomenológica. Con este gesto, Merleau-Ponty daba renovada importancia a un punto de vista de resonancias teológicas y, asimismo, situaba su obra en una tradición que se retrotraía a las críticas de los mecanismos basados en teorías más holísticas de la sensibilidad.

En la actualidad, la obra de Merleau-Ponty suele ser citada entre las dedicadas a tender puentes entre los enfoques analíticos o cognitivos y fenomenológicos de la filosofía de la mente. Sus escritos sobre arte atraen a un gran público y han tenido impacto en la estética y la historia del arte. Su artículo «La duda de Cézanne», de 1945, es un alarde crítico en el que ejemplifica temas desarrollados en otros lugares de su filosofía. El acercamiento de Merleau-Ponty al impresionismo tardío se interesó particularmente por la indeterminación cuando se pretende distinguir entre aquello que es natural y aquello que es artificio en una representación, artística o no.

Cézanne no pensaba que tuviese que optar entre sensación y pensamiento, entre orden y caos. No deseaba separar las cosas que vemos del modo cambiante en que estas se nos presentan; quería pintar la materia tal como cobra forma, el nacimiento del orden a través de la organización espontánea.

Por así decir, la duda de Cézanne procedía de su deseo de hacer arte y naturaleza al mismo tiempo, de derribar la supuesta barrera que separa a una de la otra.

Si soy un cierto proyecto desde mi nacimiento, lo dado y lo creado son indistinguibles en mí, y es por ello imposible nombrar un solo gesto que sea absolutamente nuevo con relación a ese modo de ser en el mundo que, desde el mismo comienzo, soy yo mismo.

Como es patente, esta investigación estética planteaba temas que tenían connotaciones políticas. La mayoría de los escritos explícitamente políticos de Merleau-Ponty estaban vinculados a polémicas en torno a la Unión Soviética. Pero su desconfianza hacia la totalización —y su idea de que nuestro campo perceptivo es infinitamente inagotable y por ello nunca puede llegar a completarse o totalizarse— inspiró a la generación de pensadores de la que hablaremos en el siguiente capítulo. Sin embargo, a corto plazo, la insistencia de Merleau-Ponty en las paradojas de la corporeidad, en la condición limítrofe de nuestra subjetividad entre dos sustancias ostensiblemente incompatibles, seguiría inspirando a los pensadores de los años inmediatamente posteriores a su muerte. En la conclusión de su obra en torno a Cézanne, Merleau-Ponty había observado: «Dos cosas son ciertas en cuanto a la libertad: que nunca estamos determinados y que nunca cambiamos».

La epistemología francesa y la filosofía de la ciencia

La preocupación causada por el determinismo dirigió la reflexión de otros pensadores franceses movidos por la introducción de la fenomenología en Francia. Estos son los filósofos del concepto, según la clasificación de Foucault: Jean Cavaillès, Gaston Bachelard, Georges Cangilhem y Alexandre Koyré. Dedicado inicialmente a la filosofía de la religión, Koyré (1892-1964) fue, desde un punto de vista intelectual, el más profético de ellos. Inspirado por Heidegger y su *pathos* existencial —y por lo tanto atravesando la divisoria que Foucault intentó fundamentar—, Koyré escribió una serie de artículos que culminaron en un libro rompedor en la historia de la ciencia: *Del mundo cerrado al universo infinito* (1957). En este libro, escrito originalmente en inglés y solo posteriormente traducido al francés, Koyré afirmaba que la revolución copernicana y en particular la obra de Galileo produjeron un cambio en la visión del mundo literalmente sin precedentes. El argumento de Koyré era que la ruptura lograda en el cambio de perspectiva no había sido prefigurada, sino que reordenaba nuestra misma comprensión de la ciencia como empresa histórica, y fundamentaba el universo infinito como un campo de exploración ilimitado cuya perfección y coherencia no pueden ser dadas por supuestas.

Alumno destacado de Brunschvicg, Jean Cavaillès (1906-1944) quedó impresionado, como Merleau-Ponty, por las conferencias de Husserl en París. También a semejanza de Merleau-Ponty, ocupó un lugar privilegiado en el mundo académico francés como *agrégé-répétiteur* de filosofía en la École Normale Supérieure, cargo que tiene encomendada la labor de preparar a los futuros profesores de filosofía de Francia para el examen nacional, puesto desde el que Louis Althusser ejercería su influencia durante años.

Husserl incitó a Merleau-Ponty a reformular la experiencia de la corporeidad. Cavaillès pensó que la ontología del acto intencional de la teoría husserliana podría esclarecer la historia de las matemáticas. Cavaillès vio en esta rama de la historia la posibilidad de una teoría del desarrollo histórico, o del «surgimiento», de una ciencia como tal, pero no pudo completarla porque fue ejecutado por la Wehrmacht en 1944 por su actividad en la resistencia francesa. En último término, Cavaillès no creía que una teoría de la ciencia pudiese jamás darse articularse a sí misma apoyándose en una teoría más general de la conciencia, ya fuese antropológica, fenomenológica o trascendental en sentido kantiano. Según este punto de vista, no podemos estar seguros de que nuestros esfuerzos por conocer el mundo no sean en realidad más que modos más acertados de conocernos a nosotros mismos; es decir, modos de saber cómo sabemos algo más que de saberlo sin más. Más que en el *verum-factum* de Vico —que afirma que podemos conocer lo que hemos hecho y, por ello mismo, es posible conocer nuestra historia, incluyendo la historia de la ciencia—, Cavaillès se inspiró en la idea spinoziana del *verum index sui et falsi* (lo verdadero es signo de sí mismo y de lo falso). Cavaillès veía en la historia de las matemáticas la historia de una ciencia cuyas verdaderas pretensiones serían indiferentes a la pluralidad de las conciencias en que estas se manifestasen. De modo semejante, le resultaba sugestivo el hecho de que una ciencia cuyo propósito era enunciar verdades eternas tuviese un manifiesto carácter histórico. En este sentido, le pareció revelador el perfeccionamiento de las matemáticas transfinitas emprendido por Georg Cantor a finales del siglo XIX. Por primera vez en la historia, un matemático era capaz de demostrar la relación entre conjuntos de tamaño variable con un número infinito de miembros. El infinito era ahora real y múltiple, no solo una potencialidad. Este resultaba ser un descubrimiento genuino, en el sentido de que no era en absoluto discernible ni predecible partiendo de formulaciones preexistentes, sino solo de modo retrospectivo.

Si Cavaillès se centró en la matemática, Gaston Bachelard (1884-1962) se ocupó más bien de la física y la química. En varios de sus libros alentó la idea de que la ciencia es una suerte de racionalismo aplicado. Lo que quería decir con esto no era que la teoría preceda a la experimentación, que por su parte se limita a verificarla. Más bien, que la teoría media toda experimentación en el laboratorio científico, es decir, que esta se construye y se dota de sentido a través de marcos teóricos. Y sin embargo, dada su condición material y mundana, lo que ocurre en un laboratorio puede obligar a replantear los marcos teóricos mismos. Bachelard definió esa posibilidad como «ruptura epistemológica» o «quiebra epistemológica», de un modo coherente con las tesis de Koyré. Ejemplo clásico de tal ruptura sería la revolución copernicana. Más cerca del siglo XX encontraríamos el descubrimiento de Lavoisier de que lo inflamable por fuego no es el flogisto, sino el oxígeno. La resistencia del mundo a la manipulación teórica, en el laboratorio o fuera de él, habría llevado a la reconfiguración del conocimiento, a un nuevo conjunto de problemas que investigar más que a nuevas soluciones a problemas irresueltos. La obra de Bachelard tendría su análogo en la noción de «cambio de paradigma» del filósofo de la ciencia estadounidense Thomas Kuhn, noción que dio a conocer por primera vez en su libro clásico *La estructura de las revoluciones científicas* (1963). Desde su perspectiva, la historia de la ciencia no es lineal y acumulativa, sino que experimenta periodos de ciencia normal que son intermitentemente puestos en jaque por revoluciones dentro de los marcos teóricos. Cuando estos marcos cambian, nuevos objetos se tornan visibles.

Si estos pensadores mencionados se ocuparon de la historia de las matemáticas, la física y la química, Georges Cangilhem (1904-1996) dirigió su atención a la biología. Su primera obra de alcance fue una investigación en torno al concepto de reflejo. En ella argüía que este no provenía de una concepción mecanicista de la ciencia, sino de la vitalista. La forma en que Canguilhem se acercó a la historia de la ciencia consistió en concentrarse en sus conceptos y descartar cualquier forma de teleología. Lo que le interesaba era rastrear cómo los conceptos llegaban a formarse y cómo, frecuentemente, se transformaban luego, cuando se los usaba fuera de su ámbito original de significación. En este enfoque de la historia de la ciencia late una profunda aunque oscura reflexión sobre nociones más típicamente asociadas al pensamiento político. Por ejemplo, es habitual considerar el reflejo como un ejemplo de la falta de libertad, ya que es un acto espontáneo que no es posible desear que no suceda. Pero en las trasmutaciones del concepto de reflejo Canguilhem veía atisbos de una teoría alternativa de la libertad basada en la capacidad de respuesta al propio entorno. Un modo de contemplar la obra de Canguilhem es considerarla una forma de desvitalización del vitalismo de Bergson. El componente metafísico del *élan vital* se consideraba superado a mediados del siglo XX. No obstante, Canguilhem creyó valiosa la teoría de la vida de Bergson en cuanto teoría de la mediación del entorno y de la lucha por la homeostasis. Los ensayos recogidos en su colección *El conocimiento de la vida* (1952) hacen hincapié en la idea de que el conocimiento no se enfrenta a la vida desde fuera de esta, sino que es parte de la vida misma. El conocimiento práctico tiene siempre una orientación, en un sentido u otro, y en su raíz el conocimiento teórico es él mismo una clase de conocimiento práctico por cuanto sostiene o niega la vida. También aquí podemos identificar la influencia de Nietzsche en la obra de Canguilhem.

Igual que sucedió en los casos de Sartre y Merleau-Ponty, *Lo normal y lo patológico*, su obra cumbre, se defendió como tesis en 1943, durante la guerra. Su historia de la génesis de estos conceptos y de sus relaciones mutuamente parasitarias tendría una influencia decisiva en las investigaciones tempranas de Michel Foucault en torno a la historia de la locura.

Como en el caso del existencialismo, es preciso recordar el contexto político del pensamiento de Canguilhem. Cavaillès le alistó en la resistencia, donde prestó servicios como médico de los guerrilleros heridos. Pasado el tiempo, Canguilhem dedicaría un libro a la memoria de Cavaillès en el que no pudo evitar comparar el compromiso activo de este con la variante más bien esotérica que adoptó Sartre. Los elementos orientados a la acción de los epistemólogos franceses de esta época inspirarían con posterioridad a estructuralistas como el marxista Louis Althusser y sus alumnos el rechazo de los aspectos especulativos del existencialismo. La correlación entre la actividad política y el contenido filosófico puede exagerarse. No obstante, el sociólogo francés Pierre Bordieu observó en una ocasión que ciertamente parecía haber una marca de clase que distinguía al existencialismo de la epistemología de ese periodo y que explicaba la tendencia del primero a la totalización y la preferencia de esta última por la fragmentación. Sartre provenía de la *haute-bourgeoisie* parisina; Cavaillès y Canguilhem, de provincias, y Bachelard había sido cartero antes de dedicarse, tiempo después, a la filosofía.

La crítica de la totalización perceptible en la obra de Merleau-Ponty y de los epistemólogos sentó las bases para algunos de los escritos más difíciles y, sin embargo, provocativos de la filosofía del siglo XX; escritos agrupados según los casos como estructuralistas y posestructuralistas. Según las pasiones del periodo de guerra se fueron enfriando y las energías políticas se fueron dirigiendo a la descolonización y al futuro del comunismo, la filosofía empezó a alejarse de la insistencia existencialista en el sujeto para acercarse a puntos de vista políticos, sociales y científicos que desafiaban el humanismo que Sartre había abrazado como eslogan para su doctrina. Esta evolución filosófica también comportó la apertura a otras modalidades del pensamiento, como el psicoanálisis y la antropología. En el capítulo 6 nos ocupamos del movimiento estructuralista de los años sesenta.

6. Tiempo de desasosiego: el estructuralismo y el posestructuralismo

El trabajo académico de los últimos años ha contribuido enormemente a cambiar el modo en que entendemos los trabajos filosóficos que, en un primer momento, llegaron a conocerse como «teoría francesa». Toda una serie de programas de los años sesenta, setenta y ochenta dieron a conocer los nombres de Foucault y Derrida, entre otros muchos, a los lectores de Estados Unidos, el Reino Unido y de Australia. A menudo asociado con el «posmodernismo» —término que surgió primero en arquitectura—, este conjunto de obras se vinculó a una serie de temas: la crítica de las «filosofías del sujeto», que habían sobrevivido en el existencialismo; el antihumanismo, que parecía rayar con el nihilismo; el escepticismo con respecto a las filosofías progresistas de la historia, que culminaba en el diagnóstico de «la enfermedad posmoderna» de Jean-François Lyotard, caracterizada, a su juicio, por la desconfianza hacia los grandes relatos, ya fuesen de carácter liberal o comunista. Muchas de estas obras se distinguían, asimismo, por su vocación literaria. Entre los factores que las convirtieron en «teoría», y no en filosofía en sentido tradicional, podría mencionarse la persistente referencia a las artes y el empleo de un estilo que a menudo demandaba algo más parecido a una interpretación estética que al compromiso argumentativo.

Nuestra comprensión histórica del *boom* de la teoría en las humanidades es un trabajo en curso y una historia verdaderamente transnacional, distinta de la evolución filosófica interna de Francia. Por ejemplo, se señala a menudo que los mismos franceses raramente distinguían entre estructuralismo y posestructuralismo. Pero lo cierto es que sí hubo un cambio en el tenor y el contenido de la filosofía francesa entre los años sesenta y los años setenta del siglo pasado, cambio que el escalonamiento de las traducciones al otro lado del océano tendió a oscurecer. Un evento, o más bien un conjunto pluralizado de eventos, destaca sobre los demás: la secuencia de acciones y consecuencias políticas que se agrupan bajo el nombre «Mayo del 68».

Las revueltas obreras y estudiantiles oscurecieron la brillantez académica que había caracterizado al estructuralismo de mediados de los años sesenta. Los pensadores empezaron a hablar de deseo y afecto, subrayando sus dimensiones colectivas. Obras como el *Anti-Edipo* (1972), de Deleuze y Guattari, y *Economía libidinal* (1974), de Lyotard, siguieron buscando la integración filosófica entre el marxismo y los puntos de vista freudianos que estaba en marcha desde el periodo de entreguerras. Pero lo hicieron de un modo que subrayaba lo indeterminado y la espontaneidad, a menudo en forma de rechazo de las tendencias sistematizadoras presentes en el materialismo histórico y el psicoanálisis.

Los años setenta vieron también el advenimiento de la *écriture féminine*, o «escritura femenina». Asociada a los nombres de Luce Irigaray (1930-), Hélène Cixous (1937-), Cathérine Clément (1939-) y Julia Kristeva (1941-), este modo experimental de pensamiento se apoyó en ideas —que discutiremos en este capítulo— cuyo propósito era desarrollar un feminismo que rechazaba las categorías que aún permeaban el pensamiento de Simone de Beauvoir. Rigurosa en su formalismo estético pero difícil de interpretar en cuanto a sus contenidos teóricos, la *écriture féminine* sigue siendo uno de los legados de mayor importancia del posestructuralismo francés.

Pero si la distinción entre estructuralismo y posestructuralismo forma parte de la historia de la recepción, fundamentalmente, ¿qué relevancia tiene para la filosofía francesa *per se*? En este sentido, el acontecimiento más destacado tuvo lugar en 1966: el famoso congreso de la Johns Hopkins University dedicado a «Los lenguajes de la crítica y las ciencias del hombre». Distanciándose del existencialismo, el acto tenía por objeto hacer un balance del giro estructuralista del pensamiento francés. La antropología de Claude Lévi-Strauss recibió una atención notable, si bien el psicoanalista Jacques Lacan también asistió como invitado; y es conocido que dejó a los organizadores de la conferencia una abultada cuenta de teléfono después de abrumar durante toda la noche a Lévi-Strauss y otros colegas en París con informes sobre lo que estaba sucediendo en Estados Unidos. El momento culminante de todo este *affaire* fue la conferencia de Jacques Derrida «La estructura, el signo y el juego en el discurso de las ciencias humanas». Los especialistas se habían reunido para comprender mejor un modo

de pensar que priorizaba, por encima de los representati-
vos, los elementos relacionales del discurso, fuese científico
o no, y apoyaba su autoridad en la obra del lingüista suizo
Ferdinand de Saussure (1857-1913). Lévi-Strauss había re-
formulado una teorización del lenguaje que descartaba
cualquier supuesta referencia al mundo y se planteaba comprender la cultura como un código que el antropólogo podría descifrar. La conferencia de Derrida sugería que cualquier intento de fundamentar tal discurso, tal código, no
podría sino poner de manifiesto un elemento de juego e
inestabilidad en el mismo seno del lenguaje. Todo «discurso» es constitutivamente incapaz de determinar dónde ter-
mina y dónde comienza lo que está fuera de sí mismo. El
«posestructuralismo» nació de la sensación de que los intentos de identificar cualquier estructura discursiva específica estaban no menos condenados al fracaso que los intentos anteriores de definir las características de la conciencia
fenomenológica. Cuando se trata de explicar los cambios
experimentados por la filosofía francesa, es acertado hablar
de convergencia de efectos entre dos acontecimientos dispares —un congreso celebrado en Baltimore en 1966 y una
revuelta nacional en Francia, dos años más tarde—, ya que
uno de los temas principales de la filosofía de la época era
el de la naturaleza contingente del cambio histórico. Pero
igualmente importante es la continuidad de este periodo
con épocas anteriores. El estructuralismo y el posestructuralismo se caracterizan en igual medida por su amplio uso
de los neologismos, atractivo o irritante dependiendo del
criterio de cada uno. Pero la propensión a la imaginación
lingüística es en sí misma significativa en la medida en que
es indiciaria de un proyecto filosófico que, estando marca-

do por su historia, se esfuerza por producir algo nuevo. Como ya hemos hecho notar, entre los temas generales del momento había una hostilidad a las filosofías progresivas de la historia, a menudo encapsulada en una antipatía general por el hegelianismo. Pero, como astutamente observó Michel Foucault, Hegel había hecho de la negación una parte de su sistema; quizá su más perfecta artimaña residiese en el hecho de que todo intento de escapar a su influencia condujese a darse de bruces con él.

La importancia otorgada al idealismo alemán del XIX requiere una explicación. En una reciente reflexión sobre el pensamiento francés de los años sesenta, el filósofo y lingüista Jean-Claude Milner observó que su generación llegó a la universidad con la sensación de que el alemán no podía seguir siendo la lengua de la filosofía después del cataclismo nazi y a que el inglés «se había rendido desde hacía mucho tiempo a las exigencias del mercado». Eso convertía a la filosofía francesa en la heredera de una historia y una vocación. Pero también señalaba que, ventajas de la visión retrospectiva, a su juicio este sentimiento de grandiosidad, «estos juegos en torno al lenguaje», no podían ser más que un espejismo.

Nuestra tarea será entonces la de explicar la innovación y la energía de ese momento, si bien también sus ilusiones. Nos centraremos en tres pensadores, cada uno de ellos emblemáticos, por diferentes razones, de este periodo: Michel Foucault, Jacques Derrida y Gilles Deleuze. Pero antes de pasar al análisis de estos pensadores cuya obra cubre todo ese tiempo, se impone entender mejor los rasgos singulares del giro estructuralista mismo. Hoy tenemos claro que la fenomenología no fue propiamente eclipsada por el estructuralismo, sino mediada por él. Pero es igualmente patente que el giro estructuralista de la filosofía de los años sesenta se caracterizó por una mayor apertura a discursos que no solamente estaban alejados de la filosofía, sino que le eran hostiles: el psicoanálisis y el materialismo histórico. Ciertamente, también el existencialismo había dialogado con Freud y Marx. Pero para los estructuralistas la virtud paradójica de estas ciencias humanas transgresoras radicaba en su denuncia de las limitaciones de la filosofía.

El estructuralismo entre Freud y Marx

Además de Lévi-Strauss, las dos principales figuras de lo que se vino en llamar el «alto estructuralismo» fueron Lacan y el filósofo marxista Louis Althusser. La reinterpretación de Freud por parte de Lacan comenzó en el periodo de entreguerras. Él también asistió a las conferencias de Kojève. En el curso de una carrera controvertida, que conoció la expulsión de la Asociación Psicoanalítica Internacional, Jacques Lacan (1901-1981) hizo cuanto pudo por eliminar de la obra de Freud todo rastro de determinismo biologicista y su énfasis normativo en la adaptación como objetivo de la práctica del psicoanálisis. Centrándose en el lenguaje, acabó elaborando una abstrusa configuración de lo real, lo imaginario y lo simbólico que reproducía (o reemplazaba) la estructura freudiana tripartita del ello, el yo y el superyó. Para Lacan, el ámbito de la experiencia consciente, el «yo», era un dominio de lo imaginario en el sentido de que ejercía de filtro mediador que presentaría y a la vez ocultaría la realidad de nuestra subjetividad (una «realidad» en la que podríamos ubicar el «ello») y la autoridad moral del orden simbólico del lenguaje, una reformulación de la noción del superego. La doctrina de Lacan es imposible de resumir, en particular porque siempre estuvo en constante revisión. Pero la innovación más característica de su proyecto no fue la de renombrar sin más las categorías freudianas, sino la de reformular su relación recíproca.

En la visión lacaniana lo real y lo simbólico están íntimamente relacionados hasta la casi indeterminación entre ambos. La razón de ello radica en que no estamos meramente anclados al lenguaje desde el principio de nuestras vidas, sino que somos constituidos efectivamente por él. Es bien sabido que Lacan dijo que «la estructura del inconsciente es la de un lenguaje». Advenimos a la conciencia mediante un juego de significantes y nuestra subjetividad se encuentra en los intersticios. Repárese en que, pese al tenor estructural de su análisis, el proyecto de Lacan proseguía la reelaboración de una serie de temas cartesianos que ya estaban presentes en Sartre y Merleau-Ponty. Lejos de ser hostil al cartesianismo, Lacan vio en él algo parecido al nacimiento de la modernidad, el momento en que la subjetividad se percibió por primera vez como punto de fuga, como condición de toda representación que, a su vez, no podía ser representada.

Sartre se fue comprometiendo cada vez más con el marxismo con el paso de los años, lo que culminó en su segunda obra monumental, la *Crítica de la razón dialéctica* (1960). Desgraciadamente para Sartre, el proyecto murió nada más nacer, sobre todo por la movilización en torno a un profesor de filosofía de la École Normale Supérieure que era también miembro del Partido Comunista Francés, Louis Althusser (1918-1990). Desde su puesto como *agrégé-répeti-*

teur, Althusser inspiró a una generación de estudiantes de principios de los años sesenta que tenía el mayor interés en redescubrir un marxismo despojado de las tendencias humanistas del existencialismo francés. En una serie de artículos que acabarían siendo publicados en el volumen *La revolución teórica de Marx* (1965) y en el seminario colectivo del autor con sus estudiantes, que sería publicado bajo el título *Para leer El capital* (1965), Althusser insistía en que Marx había llegado a la ciencia del materialismo histórico, implícita en *El capital*, gracias a una «ruptura epistemológica» con el humanismo de sus primeros escritos. Recurriendo en gran medida a la tradición epistemológica francesa, Althusser elaboró una interpretación de Marx que era tan intelectualmente electrizante como filológicamente dudosa. Su mayor provocación fue sugerir que el giro humanista del pensamiento marxista posterior al discurso secreto de Jrushchov sobre los crímenes soviéticos, de 1956, no era un antídoto al estalinismo sino su exacerbación. Desde la óptica de Althusser, tanto el humanismo como el estalinismo habían caído en el error, patentemente hegeliano, de pensar que la historia sigue una tendencia progresiva que puede ser interpretada y llevada a la práctica en términos políticos. Por el contrario, la teoría de la historia desarrollada en *El capital* lo era de las discrepancias entre niveles sociales; el cambio político era algo contingente, el aprovechamiento de un impulso creado por la «sobredeterminación» (un término prestado del psicoanálisis) de puntos débiles en un conjunto de relaciones políticas. Para Althusser, el ejemplo de esta situación fue la Rusia de 1917.

Es importante captar la ironía de la celebridad de Althusser en los años sesenta. Se trataba de un filósofo que rejuvenecía al marxismo convenciendo a sus jóvenes adeptos de que el comunismo no estaba garantizado en ningún sentido y de que nadie podía actuar suponiendo que la historia procede de algún modo inteligible. Sin embargo, conjugaba estas ideas heterodoxas con un discurso abrumadoramente racionalista que entendía el marxismo como ciencia capaz, en última instancia, de explicar la inteligibilidad retrospectiva de la historia. Althusser citaba a Comte como predecesor a este respecto y muchos marxistas occidentales se apresuraron a detectar un sesgo positivista en el pensamiento de Althusser, tanto más desconcertante cuanto notoriamente hostil a la refutación experimental. La labor de la filosofía debía ser generar una «teoría de la acción teórica» a través de la cual el marxismo llegase a ser capaz de entender el papel de cualquier discurso —ideológico o científico— en el mantenimiento de las relaciones sociales de explotación. Tal debía ser el preludio de cualquier transformación de estas.

La intersección de los proyectos lacaniano y althusseriano alcanzó su apogeo en los *Cahiers pour l'Analyse* (1966-1969), una revista realizada por jóvenes *normaliens* que empleaban fuentes de estos dos «maestros», así como de la epistemología francesa y la filosofía analítica, para articular una teoría general de la estructura y la subjetividad al nivel más abstracto posible. Sus últimos números estaban aún en prensa cuando se dispararon los acontecimientos de Mayo de 1968 y la mayoría de sus autores desapareció en el maoísmo radical de la Gauche Prolétarienne y otros grupos de extrema izquierda de los años setenta. Entre estos pensadores se encontraba Alain Badiou, que obtendría un gran predicamento en Francia y en el extranjero en el siglo XXI.

Los protagonistas de las protestas de 1968 proclamaron que las estructuras no toman las calles. Lacan vio en la espontaneidad de los acontecimientos una prueba de que sí lo hacen, siendo la estructura en cuestión la de la revuelta adolescente y la búsqueda de un amo. Así pues, en algún sentido, Mayo del 68 supuso tanto la consumación del estructuralismo como su disolución. Ahora bien, si nos detenemos a considerar a los tres grandes filósofos cuya obra se desarrolla en torno a este acontecimiento, advertiremos de cuán diversos modos puede influir la historia en la filosofía. Para Michel Foucault, Mayo del 68 imprimió una nueva inflexión política a su obra, inflexión que la caracterizaría a lo largo de los años setenta. Para Jacques Derrida, Mayo del 68 parecería más bien un suceso casi irrelevante, pues los efectos que desencadenó están prácticamente ausentes de su formulación de la deconstrucción y del contexto crecientemente internacional de su recepción. Por último, para Gilles Deleuze, Mayo del 68 fue el catalizador que le hizo abandonar la escritura heterodoxa de obras de historia de la filosofía y de la metafísica para escribir, junto a su colaborador Félix Guattari, una de las obras más emblemáticas del pensamiento radical de los años setenta.

Foucault

Nacido en Poitiers en 1924, Michel Foucault ingresó en la École Normale Supérieure en 1946. Era un estudiante solitario que entró pronto en contacto con Louis Althusser y desarrolló una temprana filiación con el marxismo. Sin embargo, su influencia principal en esta época fue Georges

Canguilhem, que le animó a centrarse en la historia de la ciencia. Pero a lo largo de sus estudios de psicología e historia de la medicina de los años cincuenta, Foucault prosiguió su compromiso con la literatura de vanguardia que se aglutinaba en torno a figuras como Maurice Blanchot y, asimismo, se familiarizó sólidamente con el pensamiento alemán, sobre todo el de Friedrich Nietzsche y Martin Heidegger.

Siempre ha sido difícil clasificar la obra de Foucault desde el punto de vista de las disciplinas del saber: fue historiador tanto como filósofo. Pero, pese a las copiosas fuentes que empleó en sus estudios, la auténtica fortaleza de su obra procede de la coherente unidad teórica que estos conforman. Este rasgo se muestra ya en su primer estudio de importancia, su tesina, dedicada a la «historia de la locura en la época clásica», terminada en 1960. Su título en francés —*Folie et déraison (Locura e irracionalidad)*— apuntaba a la relación entre ambos términos, tratando al primero no como ausencia de razón, sino como aquello que mantenía una relación necesaria con ella en cuanto manifestación de la «sinrazón». A Foucault le interesaba la transformación histórica por la cual el «loco» pasaba de ser considerado una parte de la sociedad a ser un miembro excluido de esta en virtud de su misma conformación. Leyendo de modo provocativo a Descartes, Foucault sugería que sus *Meditaciones* eran el ejemplo paradigmático de este cambio. Proponiéndose fundamentar la autoridad de la razón, Descartes tenía que jugar a la locura, fingir locura, como hace quien duda de su realidad circundante. El reino de la razón solo podía establecerse una vez que el loco hubiese sido excluido de sus dominios. No es coincidencia que el joven

Derrida se fijase en este aspecto de la interpretación de Foucault, sugiriendo que la mecánica de la exclusión no estaba tan clara.

La historia de la locura consolidó la reputación de Foucault, y a esta le siguieron otras obras de historia de la medicina. Puede considerarse que *El nacimiento de la clínica* (1963), en la que explicaba cómo las patologías se construían y repartían bajo la mirada objetivadora de la práctica médica, fue su obra más marcadamente estructuralista. En este libro, Foucault prosiguió la elaboración de algunas de sus ideas en torno a la relación entre verdad y poder. A medida que los médicos descubrían la verdad de los cuerpos, inscribían a los sujetos en sistemas normativos de interpretación que al mismo tiempo autorizaban y restringían sus acciones.

En 1966, Foucault publicó *Las palabras y las cosas*, libro en el que ampliaba el método desarrollado en sus primeras obras y que funcionaba, asimismo, como «arqueología de las ciencias humanas». Foucault analizó tres cambios interrelacionados de nuestro entendimiento ocurridos en el periodo que va desde la época clásica hasta la Edad Moderna: el de la historia natural en biología; el de la gramática en lingüística, y el de la ciencia de la riqueza en economía. Estos tres desplazamientos formarían parte de un cambio general que llevaba a la consideración de que el objeto del conocimiento es el «hombre». Foucault se proponía mostrar la inconmensurabilidad entre los modos de pensar de uno y otro periodo. Su término favorito para describir las normas que rigen el entendimiento en una época fue «episteme». En este punto podemos comprobar la afiliación a la epistemología francesa y distinguir ecos de la noción kuhniana de «cambio de paradigmas». Más concretamente, se propuso descubrir el rasgo peculiar de este objeto de estudio en la Edad Moderna. La idea del hombre era, a juicio de Foucault, un «duplicado empírico transcendental». Apoyándose en ciertas ambigüedades de la filosofía kantiana —Kant era un ejemplo de este cambio tanto como Descartes lo fuera antes de él—, Foucault hizo notar que «el hombre» era por lo pronto la autoridad del conocimiento, su fundamento trascendental y, a la vez, su mismo objeto de investigación, su asunto empírico. Esto conducía a una situación en la que el conocimiento genera sus propios puntos de oscuridad. Por ejemplo, la biología, en cuanto ciencia de la vida, nunca concibe la vida como tal; es, en sentido estricto, irrepresentable en sí misma. La vida es el objeto de estudio pero también la condición de posibilidad de la ciencia que ha de esclarecerla. Los criterios de la comprensión se revelan históricamente mutables.

El elemento histórico es crucial. Y *Las palabras y las cosas* concluye con un pasaje que no sugiere menos:

En todo caso, una cosa es cierta: que el hombre no es el problema más antiguo ni el más constante que se haya planteado el saber humano. Al tomar una cronología relativamente breve y un corte geográfico restringido —la cultura europea a partir del siglo XVI—, puede estarse seguro de que el hombre es una invención reciente. El saber no ha rondado durante largo tiempo y oscuramente en torno a él y a sus secretos. De hecho, entre todas las mutaciones que han afectado al saber de las cosas y de su orden, el saber de las identidades, las diferencias, los caracteres, los equivalentes, las palabras —en breve, en medio de todos los episodios de esta profunda historia de lo Mismo—, una sola, la que se inició hace un siglo y medio y que quizá está en vías de cerrarse, dejó aparecer la figura del hombre. Y no se trató de la liberación de una vieja inquietud, del paso a la conciencia luminosa de una preocupación milenaria, del acceso a la objetividad de lo que desde hacía mucho tiempo permanecía preso en las creencias o en las filosofías: fue el efecto de un cambio en las disposiciones fundamentales del saber. El hombre es una invención cuya fecha reciente muestra con toda facilidad la arqueología de nuestro pensamiento. Y quizá también su próximo fin.

Si esas disposiciones desaparecieran tal como aparecieron, si, por cualquier acontecimiento cuya posibilidad podemos cuando mucho presentir, pero cuya forma y promesa no conocemos por ahora, oscilaran, como lo hizo, a finales del siglo XVIII el suelo del pensamiento clásico, entonces podría apostarse a que el hombre se borraría, como en los límites del mar un rostro de arena[1].

He aquí el antihumanismo de Foucault. El potente diagnóstico foucaultiano convirtió a *Las palabras y las cosas* en un superventas en París, indudablemente más debatido que leído. Pero los editores de los *Cahiers pour l'Analyse* lo leyeron con sumo interés y le formularon una serie de preguntas que le llevarían a redactar el primer borrador de *La arqueología del saber* (1969). Este texto pretendía ofrecer una defensa de su propuesta de análisis del discurso, pero tal enfoque fue prontamente abandonado.

Los editores de los *Cahiers* le habían preguntado a Foucault quién era su referencia última: Freud o Nietzsche.

---

1. Traducción de Elsa Cecilia Frost para la edición de Siglo XXI Editores. *(N. del T.)*.

Ningún lector serio podría pensar que Foucault habría respondido que el primero. Los años siguientes darían testimonio de trabajos profundamente inspirados en el pensamiento de Nietzsche, en particular en su noción genealógica del cambio histórico como narración impulsada por mutaciones en los acuerdos del poder. Después de 1968, Foucault dirigió brevemente el departamento de filosofía experimental de Vincennes. Pero su nombramiento en el Collège de France, en 1970, le devolvería al centro de la vida académica francesa.

Los primeros años de cursos de conferencias en el Collège culminarían en *Vigilar y castigar: nacimiento de la prisión* (1975). Partiendo de su trabajo con grupos de activistas en favor de la población reclusa, Foucault elaboró un estudio que, una vez más, rastreaba cambios cruciales sucedidos en el lapso que va de la modernidad temprana a la modernidad tardía. Mientras que en un principio el castigo era un asunto vinculado al espectáculo, ahora se apartaba de la sociedad. Mientras que en un primer momento la disciplina tenía que ver con los cuerpos y su denuncia, ahora se convertía en asunto de normatividad interior. Invirtiendo temas cristianos, Foucault sugirió «el alma es la prisión del cuerpo». Su interpretación del panóptico de Jeremy Bentham —una configuración de la prisión que permitía a los presos suponer que estaban siendo vigilados, sin llegar a saberlo nunca con certeza— era una metáfora evocadora de nuestra situación en la era moderna. Estamos rodeados de signos y mandatos —todas las múltiples técnicas gubernamentales en las que participamos activamente— que demuestran que el poder no está centralizado, sino que es algo que existe en una red de relaciones.

Como siempre, Foucault sometió rápidamente a revisión su obra publicada. Los futuros cursos del Collège explorarían temas como la soberanía y la gubernamentalidad, que ofrecían historias alternativas del liberalismo. Gran parte de este trabajo se desarrollaría en su ambicioso proyecto *Historia de la sexualidad*. El primer volumen, *La voluntad de saber* (1976), apareció poco después de *Vigilar y castigar*. En este caso, la intención era cuestionar la historia de la sexualidad entendida como historia de la represión y sugerir, por el contrario, que la noción misma de que existe un aspecto de nuestro ser que es exclusivamente sexual y que puede ser reprimido es, en sí misma, ejemplo de una forma específicamente moderna de pensamiento reglamentario.

Este volumen inicial aún conserva el punto de vista foucaultiano de la discursividad y lo epistémico. Sus conferencias y escritos posteriores atestiguarían un giro hacia los antiguos para descubrir las fuentes más profundas de nuestra forma de concebir el yo como objeto de cuidado y atención y la práctica de decir la verdad como elemento primordial de la formación de la subjetividad en todos sus aspectos a lo largo del tiempo.

Los logros de Foucault han sido impresionantes desde cualquier punto de vista. No hay área de las humanidades y las ciencias sociales que no haya recibido el influjo de sus trabajos. Visitando Berkeley a principios de los años ochenta, Foucault escribió un breve texto en el que aborda la respuesta kantiana a la pregunta: ¿qué es la Ilustración? Siempre atento a posibilitar una comprensión propiamente histórica, Foucault no contrapuso su respuesta, sino su propia pregunta a la de Kant:

Pero si la pregunta kantiana era la de conocer qué límites tiene el conocimiento para renunciar a transgredirlos, en mi opinión la cuestión decisiva en la actualidad debe convertirse en una positiva: en lo que se nos da como universal, necesario, obligatorio ¿qué lugar es ocupado por cualquier cosa que sea singular, contingente y el producto de constricciones arbitrarias? De lo que se trata, en suma, es de transformar la crítica que se lleva a cabo en forma de limitación necesaria en crítica práctica que adopta la forma de una posible transgresión.

El planteamiento foucaultiano de esta cuestión tenía un carácter por igual ético y político, lo que demostraba que su teórico «antihumanismo», lejos de ser una suerte de nihilismo, era parte de un legado más general de la Ilustración, lo que vinculaba el proyecto de Foucault a todo un conjunto de compromisos filosóficos de largo alcance en Francia. Hubo entonces quien fue más escéptico.

Derrida

Jacques Derrida (1930-2004) ha sido uno de los filósofos franceses más celebrados en el extranjero, pero también uno de los más ridiculizados. Cuando la Universidad de Cambridge decidió reconocer sus aportaciones con un doctorado honorario en 1992, numerosos miembros de la facultad de filosofía hicieron pública su oposición a celebrar a semejante «charlatán».

¿Por qué la obra de Derrida se convirtió en una obra de referencia para los filósofos del momento? La respuesta es múltiple y apunta a la naturaleza de sus conclusiones, cuyo carácter corrosivo con respecto al racionalismo y el pensamiento sistemático carecía de precedentes desde el redescubrimiento del pirronismo en la modernidad temprana. Y, de hecho, quizá el mejor modo de entender a Derrida sea como descendiente de la tradición montaigniana de la filosofía francesa, que podemos contraponer a la cartesiana.

Ya hemos mencionado que el evento que le hizo ganar reputación mundial fue su crítica a Lévi-Strauss en el congreso de 1966 en la Universidad Johns Hopkins. El protagonismo que concedió al discurso en aquella conferencia influiría en gran medida en la recepción inicial de Derrida como pensador del lenguaje. Otras obras de los años sesenta, como *La escritura y la diferencia* (1967) y *De la gramatología* (1967), reforzarían esa recepción.

Lo esencial del enfrentamiento de Derrida con el estructuralismo está marcado por el escepticismo hacia la idea de que la mejor forma de entender el lenguaje es como un derivado de su forma más básica: la palabra hablada. Partiendo de la lectura de Platón y otros, Derrida se proponía demostrar que cualquier intento de privilegiar el habla sobre la escritura se basaba en una inestabilidad fundamental. En la raíz de la creación de sentido, sostenía Derrida, se encuentra una forma primaria de inscripción basada en nuestra condición de seres temporales. Escribir es dejar huella, inscribir. Es una externalización del sentido y, en sí misma, una condición de posibilidad de cualquier construcción futura de sentido.

Reparemos en que todo discurso participa de un código que es anterior a sí mismo. No creamos el lenguaje que hablamos. El argumento de Derrida de que «no hay algo así como lo exterior al texto» *(il n'y a pas de «hors-texte»)* puede entenderse de modo análogo al principio idealista del obispo Berkeley *esse est percipi*, que podemos reformular diciendo: nada hay fuera de la percepción. Cualquier gesto exterior al texto —entendido como el conjunto de marcas que, tengan la forma que tengan, hace posible la inteligibilidad— lo hace avanzar. No es posible dar sentido desde fuera del texto.

Y, de hecho, la creación de sentido presupone siempre su recreación. Para que un signo —ya sea una palabra, una marca o una señal— sea inteligible, debe estar dotado de «iterabilidad», es decir, de la capacidad de ser repetible en cualquier parte manteniendo su sentido. Pero, por así decir, este mismo rasgo del sentido quiere también decir que este, el sentido, puede siempre ser desfigurado, ya que no es posible controlar qué aspectos del sentido se mantendrán y cuáles no. El sentido de lo que decimos nunca es fijo y estable.

Derrida amplió estas ideas en su crítica a la forma en que Lévi-Strauss recurre a Rousseau para interpretar los efectos de la «lección de escritura» para los pueblos nambikwara de América del Sur. Todo intento de privilegiar una naturaleza original que sea anterior a la cultura y que tenga el potencial de ser corrompida por esta presupone formas de construcción de sentido que son previas al postulado mismo de dicha naturaleza original. Karl Krauss, crítico austriaco que había sido fuente de inspiración para numerosos intelectuales alemanes, había dicho: «el origen es la meta». Derrida mostró que el origen es algo esquivo. Vemos en este ejemplo que no solo el sentido está siempre sometido a una potencial desfiguración: siendo imposible su invariancia, el sentido es también algo siempre diferido, una idea que Derrida expresó valiéndose del término *différence,* término híbrido que recoge los sentidos de 'diferencia' y 'diferimiento' en un solo neologismo.

La estrategia de Derrida es clara. Se propone enunciar opuestos ostensivos —oralidad y escritura, naturaleza y cultura; normativo y descriptivo— y revelar la indeterminación que hay entre ellos. Todo intento de determinar la unidad integral de un concepto presupone un plus que lo parasita y del que se distingue. Este método —aunque Derrida insistió siempre en que no se trataba de un método, algo que se puede aplicar, sino de un «acontecimiento», algo que está siempre ya en marcha— se denominó «deconstrucción».

En el mejor de los casos, la deconstrucción puede revelar mecanismos de exclusión, retóricos o no. En el peor, la deconstrucción se convierte menos en un vehículo del entendimiento que en una conjetura. Si no hay nada fuera del texto y si el sentido no es nunca estable, ¿cómo podría cuestionarse, del modo que fuese, la propia comprensión de un texto?

Lévi-Strauss sugería que, en su obra, Derrida empleaba la ley del *tertio excluso* «con la delicadeza de un oso». El hecho de que Levi-Strauss no se reconociera en la descripción de Derrida difícilmente podía considerarse una objeción, ya que el contexto de sus expresiones, por no hablar de sus intenciones, no suponía obstáculo alguno para la comprensión de Derrida. Los defensores de la deconstrucción pueden siempre cuestionar la apelación al contexto arguyendo la inestabilidad entre texto y contexto. En este sentido, la deconstrucción se presentaba como una hermenéutica radical que, a menudo, trataba los textos más como ocasiones para la reflexión filosófica que como objetos de interpretación. Esto entusiasmó a la erudición literaria, pero fueron muchos los que se alarmaron cuando las estrategias deconstructivas se trasladaron del ámbito de la estética al del derecho, la política e incluso la filosofía.

En el escándalo de esta perspectiva y del alcance de su aplicación radica la importancia histórica de Derrida. Pues la deconstrucción no fue tanto un nuevo tipo de interpretación como la profundización y el desarrollo del pensamiento de Heidegger en el contexto francés.

Heidegger describía su proyecto de ontología fundamental como *Destruktion* de la historia de la metafísica. Derrida afirmaba haber dado un paso más allá al erradicar esa «metafísica de la presencia» que habría caracterizado a *toda* filosofía hasta la «ontoteología» del pensamiento heideggeriano, esta incluida. En opinión de Derrida, el deseo de proteger de la ausencia a la presencia —expresada en varios conceptos subrogados como, por ejemplo, el de sustancia, el de esencia o el de *ousia*— habría supuesto un impulso para la historia del pensamiento moderno. Todos nuestros modos de representación, del lenguaje al arte o la ciencia, estarían sometidos a esta lógica, que Derrida consideraba violenta. Pero la deconstrucción sería capaz de reconocer a la siempre escurridiza presencia, siempre intercalada con la ausencia misma que trata de excluir.

Hoy la lingüística estructuralista nos resulta lejana. Si el proyecto de Derrida se asoció inicialmente al estructuralismo, hoy se concibe desde la perspectiva del lugar que ocupa en la historia de la fenomenología francesa. Muchos de sus estudios tempranos se centraron en Husserl. Su tesis de maestría, escrita entre 1953 y 1954, abordaba «el problema de la génesis en la fenomenología de Husserl», y en 1962 publicó, con una extensa introducción, su traducción del escrito tardío de Husserl «El origen de la geometría». Cuando se juzga desde otro de sus escritos del mismo periodo, *La voz y el fenómeno* (1967), que versaba sobre la teoría husserliana de la significación, queda claro que la obra de Derrida es parte de —y complica— la bifurcada historia de la recepción de la fenomenología que recoge el esquema de Foucault.

Pues es igualmente claro que la obra de Derrida no privilegia ni la «conciencia» ni el «concepto». Por supuesto, la oposición misma estaba madura para la deconstrucción. Pero su interés por Husserl estaba, él mismo, mediado por elementos teológicos presentes en la recepción inicial de Husserl en Francia, por ejemplo la de los escritos de existencialistas cristianos como Gabriel Marcel. El fundamento que aspiraba a encontrar en la reducción fenomenológica de Husserl demostró no ser fundamento alguno, algo solo presente en su ausencia, solo cognoscible en su ser más allá del conocimiento. Las ideas de Derrida en materia de religión fueron cambiantes y nunca ajenas a las peripecias de su propia biografía. Nacido en Argelia en el seno de una familia judía, Derrida no hizo jamás profesión de fe alguna, si bien el sentimiento de marginalidad que le acompañó a su llegada a París para seguir estudios dejó en él su marca. Los escritos de Derrida en torno a temas judíos, a menudo relacionados con análisis de otros pensadores judíos como Walter Benjamin, se cuentan entre sus textos más luminosos, lo que hace del componente cristiano de su interés por Husserl algo aún más provocador.

Un apunte último de orden político. A diferencia de Foucault, para quien la política no estuvo jamás lejos de sus preocupaciones, especialmente después de 1968, Derrida fue muchos años reticente en materia política, lo que le valió ser tachado de nihilista. Esta reticencia era en parte debida a su aversión a cualquier reivindicación de puntos de vista políticos que provenía de su etapa de enseñanza junto a Althusser en la École Normale Supérieure en los años sesenta. (Derrida tenía en gran aprecio personal a Althusser; sus disputas lo fueron más bien con los althusserianos). Pero en años posteriores, Derrida dirigió su atención a asuntos relacionados con la justicia. A su entender, la justicia jamás podía ser un producto del cálculo, del mismo modo que el perdón no podía ser producto de decisiones razonadas o instrumentales. Si un fallo se decide racionalmente o, peor aún, algorítmicamente, ¿en qué sentido es «justo»? Simplemente, es. La indeterminación es siempre una amenaza para toda actuación de la justicia, como lo es la posibilidad de que la injusticia pueda resultar inerradicable. No será el mundo el que ofrezca una respuesta, ni el que la valide. Pese a la distancia existente entre Sartre y Derrida, es difícil no ver aquí la pervivencia temática del existencialismo.

Deleuze

En los años setenta, Foucault se dedicó con mayor intensidad a la historia y la política y Derrida amplió su deconstrucción de la filosofía con escritos sobre Hegel y Nietzsche. Otros se ocuparon de reformular el afecto y el deseo de un modo intempestivamente afín a un momento anterior, vitalista, de la filosofía francesa.

Deleuze, Guattari y Lyotard eran figuras destacadas, pero esta fue también la época en que la *écriture féminine* se puso en marcha. Para que la filosofía se vinculase a la historia era necesario que se vinculase al ámbito de lo corpóreo, ocupándose de cuerpos, no de significantes, atenta a la microfísica del deseo. La colaboración entre Gilles Deleuze (1925-1975) y Félix Guattari (1930-1992) es ilustrativa de esta evolución. Las dos obras que publicaron bajo el título de *Capitalismo y esquizofrenia*, *Anti-Edipo* (1972) y *Mil mesetas* (1980) eran ejercicios tanto conceptuales como alegóricos en igual medida de flexibilización del género. Hablando de flujos y corrientes y de espacios lisos versus espacios estriados, Deleuze y Guattari proponían una visión de la historia en la que esta era impulsada por «máquinas de desear» (emparentadas con el scr-para-sí de Sartre, o el *Dasein* de Heidegger, un pseudónimo de lo humano) impermeables a la cancelación. Foucault llamó al *Anti-Edipo* «manual de vida no fascista». Frente a la filosofía hegeliana de la historia, movida por la actividad de lo negativo, Deleuze y Guattari preconizaban una visión de la productividad pura y de la positividad. Es importante percibir en «la positividad» no únicamente una actitud valorativa, sino el eco del positivismo. Lo que ves es lo que hay; sin embargo, el mundo es infinito, e inagotable en lo que respecta a los datos que nos proporciona para orientar nuestras prácticas.

La colaboración de Deleuze con el psicoanalista contestatario Guattari habría sido difícilmente predecible la década anterior. En una fase inicial de su carrera, Deleuze se había centrado en la escritura de obras de historia de la filosofía, y dedicó volúmenes a Hume, Kant, Nietzsche, Bergson y Spinoza. Esta había conducido a su tesis doctoral *Diferencia y repetición* (1968), un trabajo filosófico denso que reformula la metafísica en los términos de su título. Tomados conjuntamente, estos términos sugieren algo análogo a la noción de iterabilidad de Derrida. Pero la orientación de Deleuze no era precisamente lingüística, pues se ocupaba más bien de una variedad insólita de escritos sobre el tiempo, la representación y la matemática. Algunas referencias eran reconocibles, por ejemplo Kierkegaard. Otras, no tanto. Es difícil imaginar a otro filósofo de ese tiempo citando el tratado de Jozef Maria Hoene-Wronski en torno a la filosofía del infinito, de 1819. En la conclusión de *Diferencia y repetición*, Deleuze propuso un punto de vista quintaesencialmente no moderno como alternativa a los esfuerzos posheideggerianos de concebir la relación entre lo temporal y lo conceptual: la tesis escolástica asociada a Duns Escoto relativa a «la univocidad del ser». Decir que el ser es unívoco es decir que habla con una voz, «un único y mismo Océano para todas las gotas». Es mostrar que no hay jerarquía en la creación, y especialmente que no hay distinción jerárquica entre concepto y afecto, pensamiento y cuerpo. Teniendo en cuenta el ataque metafísico a la jerarquía que su obra supone, cabe pensar que la posterior colaboración de Deleuze con tendencias políticas anarquistas no resulte del todo sorprendente.

Deleuze ocupa un lugar singular en la filosofía francesa reciente, por un lado, como pensador asociado a movimientos políticos radicales, y por otro, como filósofo dedicado a la redacción de obras que, en su desenfrenada ambición metafísica, parecían desentonar con el escepticismo deconstructivista. En años subsiguientes, Deleuze retomaría la autoría en nombre propio, escribiendo libros difíciles sobre cine, escritos en clave bergsoniana, y una creativa interpretación de Leibniz como filósofo «barroco». También escribió un librito iluminador sobre Foucault. Los dos se enfrentarían por su postura ante «los Nuevos Filósofos», un grupo de intelectuales antitotalitarios que alcanzarían popularidad mediática en los años setenta. Deleuze veía en ellos a vendedores de bromuro liberal a una cultura exhausta. Foucault compartía su antimarxismo lo suficiente como para apoyarles durante un tiempo.

La última obra de Deleuze volvió a ser una colaboración con Guattari: *¿Qué es la filosofía?* (1994). Entre otras cosas, este libro representa la culminación de una tendencia pragmatista del pensamiento de Deleuze presente ya en sus escritos sobre Bergson y la literatura americana. Definía a la filosofía como creadora de conceptos y, en ese sentido, como una actividad práctica. Pero en la medida en que era práctica, su fundamento radicaba también en mecanismos afectivos. Lo que cabe preguntar de un concepto es: ¿qué es lo que hace?, ¿qué es lo que *produce*, afectivamente o no? Deleuze pensaba que esta perspectiva era consistente con el spinozismo, que él interpretaba como una «filosofía práctica», pues su autor pensaba que sus complejas construcciones racionalistas no eran filosofía abstracta, sino una «meditación sobre la vida».

El bergsonismo y el spinozismo de Deleuze dan testimonio concreto del condicionamiento histórico de la filosofía francesa, incluida la más radical e innovadora. No es la menor ironía del tiempo presente que todo este esfuerzo filosófico orientado a pensar la creación de lo nuevo —elogiado por su novedad fuera de Francia, singularmente en el mundo anglófono— esté tan profundamente arraigado en la tradición. El capítulo 7 evaluará las consecuencias de este periodo, prestando particular atención al legado del deconstructivismo y del pensamiento de Althusser. Pero tomará también en consideración dos de los rasgos más notorios de la filosofía francesa contemporánea: las nuevas formas de la filosofía política surgida en los años ochenta del pasado siglo y el giro teológico de la fenomenología.

7. La filosofía francesa hoy: ambiciones contrapuestas

En 2004, Alain Badiou escribió un ensayo sobre un momento histórico de la filosofía francesa del que se consideraba el más reciente representante y, con toda probabilidad, el último. Este periodo podría fecharse entre el final de la Segunda Guerra Mundial y el final del siglo y sería comparable a la Grecia clásica o al que culmina la producción del idealismo alemán, en la cúspide del siglo XIX. Sin duda interesado, el planteamiento de Badiou es, no obstante, sugerente por la forma en que presenta la filosofía como una actividad a la vez universal en su aspiración y, pese a ello, siempre específica en las formas que adopta. No tenemos por qué estar de acuerdo con Badiou en que la filosofía sea forzosamente universal para pensar que su descripción de un momento cultural que se contempla a sí mismo es acertada.

Aún más acertado es el modo en que afirma que su especificidad es un ardid. Escribe: «La totalidad de la filosofía francesa contemporánea es también, en realidad, un debate en torno a lo que ha heredado de la filosofía alemana». Pero, a la vez, señala que la distinción entre «concepto» y «vida» es fundamental en la filosofía francesa desde Brunschvigc y Bergson. Ya hemos visto que las propuestas foucaultianas para comprender la recepción francesa de la fenomenología se remontabas aún más lejos en el tiempo. ¿Por qué no remontarse entonces a la oposición entre el «ser» parmenídeo y el «fluir» heracliteano para definir la naturaleza esencialmente dialéctica de la filosofía? En el ensayo de Badiou, la referencia al contexto griego antiguo y al alemán moderno es un modo de reivindicar la vocación de la filosofía francesa.

Esta ambiciosa autocomprensión es lo que diferencia en la actualidad a la filosofía francesa de sus contrapartes anglófona y alemana. Ya nos refiramos a la teoría crítica de Jürgen Habermas o al pensamiento conservador de los alumnos de Reinhart Koselleck, la filosofía alemana desconfía de lo grandioso. El *modus operandi* de la filosofía analítica, habitual en el mundo anglófono, está ya presente en su mismo nombre. Desde esta perspectiva, la tarea de la filosofía es descomponer los problemas en sus partes más pequeñas y tratables. Es verdad que en tiempos recientes presenciamos un auge metafísico en modalidad analítica. Pero, desde un punto de vista estilístico, nada tiene en común con la *gravitas* histórica del pensamiento francés.

Si el atrevimiento especulativo mantiene unida a la filosofía francesa, esta está, desde otros puntos de vista, fragmentada. Lo mejor que cabe hacer en este capítulo final es ofrecer un repaso de sus tendencias actuales. Como suele suceder, el hilo conductor es la forma en que la innovación arraiga en una tendencia histórica. En los dos primeros apartados se analizará el legado marxista de Althusser y el deconstruccionismo de Derrida. Los dos últimos se ocupan de la evolución de una nueva forma de plantear la filosofía política, aparecida conjuntamente con varias manifestaciones del revisionismo histórico de los años setenta, y del «giro teológico» de la fenomenología francesa.

Después de Althusser

Althu sert à rien («Althusser no sirve para nada») rezaba un grafiti de Mayo del 68. En los años setenta, los efectos de dicha revuelta produjeron una gradual merma en su credibilidad. El final de su influencia llegó en los años ochenta, cuando, presa de un brote psicótico, Althusser estranguló a su mujer. Althusser evitó el proceso penal gracias a que el Estado sobreseyó su caso tras haber sido diagnosticado de demencia. Pasó el resto de sus días en cuidados paliativos y murió en 1990.

Sumemos a lo anterior el declive del marxismo de los años ochenta y la aparición del escepticismo académico posestructuralista y la posibilidad de hablar con sentido de un legado althusseriano de importancia resulta inimaginable. Es indudable que muchos de sus alumnos hicieron carreras productivas. Pierre Macherey viene siendo desde hace décadas, y es aún hoy, uno de los principales intérpretes de Spinoza en Francia. Étienne Balibar, quizá el más estrecho colaborador de Althusser, ha adquirido fama por méritos propios con sus escritos mordaces sobre temas liberales. Pero solo en los últimos tiempos ha sido posible poner en claro la importancia de la aportación de Althusser a la filosofía francesa contemporánea.

A estos efectos, son de importancia crucial las aportaciones de dos filósofos formados en el círculo althusseriano: Jacques Rancière y Alain Badiou. Ambos se cuentan entre los filósofos más notorios de Francia y ambos se han perfilado públicamente como personalidades singulares y como autores de una obra distintiva. Pese a ello, es posible rastrear en los orígenes de su obra una voluntad común de hacer balance con las consecuencias de la aportación althusseriana al marxismo francés.

Pese a haber afirmado que fue althusseriano unos cinco minutos, Jacques Rancière (1940-) fue uno de los participantes en el seminario *Para leer El capital* y en la posterior publicación homónima. Su texto *La lección de Althusser*, de 1975, destila la hostilidad de su generación al desdén de su mentor por las revueltas espontáneas. En el contenido polémico de esta obra se encierra un rechazo categórico de la filosofía y de su pretendida autoridad en el terreno político. Rancière dedicó gran parte de los años setenta a escribir en *Les Révoltes Logiques*, una revista histórica heterodoxa próxima a los planteamientos de la obra foucaultiana de esos mismos años. Su propósito no era tanto la adaptación de los agentes históricos al marco conceptual del marxismo como permitirles hablar en nombre propio.

Esta característica del programa filosófico de Rancière llegó a su máximo desarrollo en su tesis doctoral *La noche de los proletarios: Archivos del sueño obrero* (1981). Rompiendo con el decoro de la historiografía profesional, Rancière escribió, en el estilo libre indirecto de Flaubert, una obra que integraba la cita y la paráfrasis. Los textos en cuestión eran los escritos por artesanos y trabajadores fuera de las horas de trabajo, tema que Rancière desarrollaría en su obra posterior. La igualdad sería no tanto un principio como un hecho que afirma el sujeto de una acción. Si el lugar del proletario es la factoría, la escritura poética, que realiza en el tiempo que se le ha asignado para al descanso, rechaza ese «lugar».

El impulso de este libro era anárquico y el liberalismo y el marxismo estaban a partes iguales en el punto de mira de Rancière, como lo estaban asimismo en la obra complementaria que acompañaba este estudio, titulada *El filósofo y sus pobres* (1983). En ella Rancière indagó las referencias a «los pobres» en el canon filosófico de Platón en adelante. El último capítulo lanzaba una crítica de izquierdas al reputado sociólogo francés Piere Bourdieu, hombre también de izquierdas. En sus investigaciones de los usos del capital cultural para perpetuar formas de discriminación en las instituciones educativas, Bourdieu había infravalorado la capacidad de los estudiantes de construir significaciones propias para rechazar el lugar que se les asignaba. Una expresión extrema de la visión pedagógica de Rancière puede encontrarse en su librito *Maestro ignorante* (1987), centrado en el pedagogo decimonónico Joseph Jacotot. El derecho a la fama de Joseph Jacotot se basaba en su habilidad para «enseñar» a una clase de alumnos de lengua flamenca pese a no hablarla él mismo. En esta forma de actuar, Rancière veía la «igualdad de las inteligencias» en acción.

En las dos últimas décadas, Rancière ha llegado a ser más conocido por sus escritos estéticos, que nacieron de sus reflexiones en torno a la historiografía y la filosofía política. Desafiando los cánones del modernismo, Rancière ve en las artes no el lugar de la distinción elitista, sino un espacio en el que los modos de ver se reestructuran constantemente y en el que los profesionales y el público generan nuevas formas de experiencia. Muchos filósofos de finales del siglo XX descubrieron en la estética kantiana nuevos modos de concebir la política en la época de la irrepresentabilidad de la catástrofe. Para Rancière, nada está más allá de los límites de la representación. «La distribución de lo sensible» *(le partage du sensible)*, en sus propios términos en francés, puede siempre ser transformado por espectadores que ven y actúan de modos distintos.

La obra de Rancière parece hoy distante de la de Althusser, pero en su hostilidad a las concepciones teleológicas de la historia es posible percibir los efectos persistentes de su magisterio temprano. Con todo, la hostilidad de Rancière a la filosofía racionalista compensa ampliamente esa influencia —si es que es tal—. También a este respecto puede comparárselo con el posalthusseriano más célebre de los últimos tiempos, de quien ya hemos hablado: Alain Badiou (1937-).

Aunque no fue alumno de Althusser, Badiou colaboró en los *Cahiers pour l'Analyse* en la década de los sesenta, lo que le caracterizó como uno de los defensores más acérrimos de la «ciencia» althusseriana, una actitud tanto más sorprendente cuanto que hasta ese momento Badiou había estado experimentando con formas narrativas cercanas al modo sartreano. Tras años de radicalismo maoísta postsesentayochista, Badiou escribió un ensayo asombroso que unificaba los elementos sartreanos y althusserianos de su formación. *El ser y el acontecimiento* (1988) comenzaba con la audaz afirmación de que «la matemática es ontología», con lo que quería decir que todo lo que pueda decirse del ser *en cuanto* ser lo dice la matemática. El uso de la teoría de conjuntos de Cantor para argumentar la prioridad ontológica de la multiplicidad inconsistente sobre la unidad era como mínimo heterodoxo. El recurso a las viejas paradojas griegas y a sus avatares matemáticos modernos fue para Badiou la vía de acceso a un trabajo filosófico capaz de cuestionar el lugar de privilegio que Heidegger concediera a la finitud, privilegio, en su opinión, predominante en la filosofía francesa desde el final de la Segunda Guerra Mundial.

El título de esta obra de Badiou hacía del suyo un proyecto heredero del siglo XX. De un modo semejante a como la «nada» de la subjetividad se oponía al «ser» de la objetividad en la filosofía sartreana, Badiou empleaba la noción de «acontecimiento» para designar aquello que la ontología no puede expresar. Dado que ser «en sí» no es sino multiplicidad inconsistente para el ateo Badiou, la pregunta se transforma en ¿cómo cualquier cosa llega a ser consistente en absoluto? ¿Cómo es posible que haya «sujetos» capaces de llevar a cabo «acciones» con sentido y coherencia? Para Badiou, el sujeto aparece cuando se produce una ruptura en el orden de las cosas. Más aún, el sujeto es el individuo que reconoce que un «acontecimiento» ha tenido lugar y ha reordenado el «ser» donde otros podrían no haberlo hecho.

El radicalismo político del proyecto filosófico de Badiou es obvio. Revolucionario es precisamente quien cree que la revolución ha tenido lugar. Pero Badiou vio la operatividad de este fenómeno también en la innovación científica y artística. El símil del genio desconocido que solo llega a ser comprendido gracias a su inquebrantable fe en sus propios descubrimientos es frecuente en la obra de Badiou.

Y lo que acaso sea más importante: uno de los modelos de subjetividad militante que Badiou preconizaba en su obra provenía de un contexto muy distinto. En su libro *San Pablo: la fundación del universalismo* (1998), Badiou valoró positivamente el hecho de que la verdad de la que san Pablo dio testimonio no fuese algo demostrable sino basado en la fe. Sentirse incapaz de una fe como la paulina, esto es, la incapacidad para ser cristiano, no impide, a ojos de Badiou, reconocerle a una figura ejemplar como la de san Pablo la capacidad de propiciar la acción colectiva sobre el sustento de la fidelidad a lo que este consideraba un acontecimiento real. En uno de sus primeros enfrentamientos con el pensamiento de Badiou, Slavoj Žižek observaba que la teoría del sujeto de este, en el caso referido y en otros, era esencialmente la misma que la de Althusser, si bien con los valores inversos. Para Althusser los sujetos son producto de una ideología que les llama del mismo modo que un policía «llama» a un sospechoso en la calle. Nos convertimos en sujetos cuando nos reconocemos a nosotros mismos en la llamada, un proceso al que Althusser denominaba «interpelación». De modo semejante, los sujetos de Badiou dependen de los acontecimientos que presencian. Pero en vez de verse sometidos por la ideología, los sujetos, según Badiou, se convierten en vectores de las verdades —artísticas, científicas, políticas— que han descubierto.

Desde *El ser y el acontecimiento*, Badiou ha escrito otras dos obras destacadas que dan contenido a su sistema filosófico y profundizan su vinculación a la matemática, *Lógicas de los mundos* (2006) y *La inmanencia de las verdades* (2018). Estas obras se proponen, además, establecer criterios más sólidos para discriminar acontecimientos y distinguir entre sujetos fieles a las verdades y una variedad diferente de sujetos, los «oscuros» o «reactivos», quienes, siendo conscientes de lo que acontece, lo son de modo tal que atenúan o niegan las verdades que generan, con resultados catastróficos. El éxito de Badiou es monumental en el doble sentido de extraordinario y conmemorativo. La asunción de este rasgo parece ir caracterizando de modo progresivo la autocomprensión de Badiou, como se desprendería de sus reflexiones sobre el declive de la filosofía francesa y de su invariable predilección por las figuras de la modernidad y del siglo XX en general.

Destinos y deconstrucción

A pesar de su facilidad para interpretar tantos fenómenos desde el punto de vista de un marco ontológico único, el sistema de Badiou, consagrado a la novedad, puede, no obstante, inducir una sensación de cerrazón. Es más una filosofía a la que uno se adhiere que un conjunto de argumentos capaz de persuadirnos. El deconstruccionismo fue concebido, en gran medida, como reacción al hermetismo de la ciencia althusseriana, que pervive, no obstante, en el proyecto de Badiou, pero también ha corrido el riesgo de quedar rebajada a una práctica encantatoria. Si la deconstrucción actúa siempre y en cada discurso, ¿qué innovación podría conllevar?

Varios de sus antiguos alumnos han ampliado el pensamiento de Derrida en nuevas direcciones; pese a ello, está aún por ver si han rebasado la órbita en la que se movía el pensamiento de su maestro. Jean-Luc Nancy (nacido en

1940), junto con Philippe Lacoue-Labarthe, exploró muchos años el romanticismo, sacando a la luz temas derridianos y heideggerianos procedentes de ese movimiento. En su obra posterior, Nancy dio un tono más político a su escritura. En libros como *La comunidad inoperante* (1983) y *Ser singular plural* (1986), Nancy investigó de qué forma el ser-con —lo que Heidegger denominaba *Mitsein*, noción clave también para Simone de Beauvoir— era un rasgo esencial de la vida política. Pero en este «ser-con» primordial desde un punto de vista ontológico, Nancy veía un proyecto imposible, comunicación permanentemente interrumpida y colectividad frustrada. Por la razón que fuere, la comunidad es algo que no puede darse a conocer, ni descubrirse, dentro de la propia comunidad. Es más, la búsqueda de tal razón es, a menudo, lo que la vuelve inoperante.

Nancy ha emprendido recientemente una ambiciosa deconstrucción del cristianismo en diálogo con pensadores que se identifican con el giro teológico de la fenomenología. Para Nancy, el cristianismo es el ejemplo supremo de la deconstrucción que desde siempre ha obrado en la historia y, ciertamente, es preciso concebir la contemporaneidad desde este punto de vista. En este punto, Nancy está cerca de quienes, como Charles Taylor, han argumentado que la comprensión más acertada de la era de la secularidad es la que la considera en su relación histórica y metafísica con la era de la que proviene.

Desde hace ya tiempo se ha venido asociando a Derrida con un cierto anticientificismo, acusación en buena medida injusta habida cuenta del interés que mostraron sus primeras obras por las ciencias cibernética y biológica. Con todo, no deja de ser sorprendente que dos de los avances más notables de la deconstrucción hayan seguido un derrotero científico. Bernard Stiegler y Catherine Malabou han desafiado los límites de la deconstrucción dedicando sus estudios a la tecnología y las neurociencias, respectivamente.

Bernard Stiegler (nacido en 1952) descubrió la obra de Derrida mientras cumplía condena en prisión por un delito de hurto, trasfondo notable de la historia de una relación sobre la que el propio Stiegler ha escrito en clave filosófica.

Entusiasmado por los escritos de Husserl sobre el tiempo y confinado en un espacio en el que el paso del tiempo se experimentaba como algo distorsionado, Stiegler entabló una correspondencia con Derrida que evolucionaría hasta convertirse en relación maestro-discípulo.

La primera obra importante de Stiegler, su tesis doctoral, se tituló *La técnica y el tiempo*. También identificado como «volumen 1» para indicar la obra descomunal que estaba por llegar, el subtítulo de la tesis, *La culpa de Epimeteo,* hacía referencia al dios de la antigua Grecia que, a diferencia de Prometeo, careció de la sagacidad que permitiría a su hermano ofrecer a los humanos cuanto necesitaban para distinguirse del resto de los animales. En un análisis que se apoyaba tanto en la obra del antropólogo André Leroi-Gourhan como en *Ser y tiempo*, de Heidegger, Stiegler sostuvo que el ser humano es en realidad producto de la tecnología, y no al contrario. Partiendo de temas derrideanos, Stiegler entiende la «técnica» como proceso de exteriorización de la memoria. Las herramientas son los medios a través de los cuales los animales estructuran su entorno. Pero ese entorno condiciona a su vez todo lo que se puede hacer en él. Es aquí donde entra en juego la lógica de la huella, esencial para la deconstrucción según Derrida. Cada herramienta deja una huella en el mundo; pero, de modo análogo, toda innovación técnica puede ser olvidada. En la antropología especulativa de Stiegler, la epigénesis técnica de lo humano *ha sido*, en esencia, olvidada, razón por la cual sufrimos esa «falta», o «carencia», que tiene su origen en el olvido primordial de Epimeteo. El ser humano deviene apenas potencial exhaustivo del desarrollo tecnológico.

Stiegler dio continuidad a *Técnica y tiempo* en otros dos volúmenes. *Incredulidad y descrédito* y *La miseria simbólica* son dos de los títulos de otras suyas en varios volúmenes que exploran las formas en que el tecnocapitalismo contemporáneo nos ha empobrecido como animales capaces de crear sentido. De algún modo, los escritos de Stiegler están marcados por una cierta impronta conservadora. Por algo, uno de sus escritos políticos se titula *El reencantamiento del mundo* y se propone promover nociones de «valor espiritual» en contra del «populismo industrial». Victor Cousin podría haber dicho lo mismo en el siglo XIX, si suprimimos el elemento deconstructivo.

Una idea distinta de ciencia la encontramos en la obra de Catherine Malabou (1959-), una de las colaboradoras de Derrida de sus últimos años. En el centro de la obra de Malabou se sitúa el concepto de «plasticidad», que procede de sus investigaciones en neurociencia. «Plasticidad» alude a la doble condición de lo que puede dar y cobrar forma, como ejemplifica el sintagma «artes plásticas». Pero también puede aplicarse a aquello que es capaz de destruir la forma, como se entiende en el sintagma «explosivos plásticos». Solo que lo anterior resulta paradójico ya que presupone las nociones de durabilidad, mutabilidad e invariabilidad en un solo concepto. Y en todos estos sentidos el cerebro es esencialmente plástico.

Malabou ha investigado la plasticidad en varios lugares de su obra, en escritos sobre Hegel y Heidegger y también en un texto crítico del psicoanálisis titulado *Los nuevos heridos* (2007). Frente a un concepto de la subjetividad centrado en la sexualidad, Malabou propuso el concepto de «cerebralidad» para hablar del cerebro como el lugar mismo de la subjetividad y sus posibles transformaciones. Por sí solo, este planteamiento bastaría para distinguirla de una corriente intelectual que se ha resistido en gran medida a contemplar la mente o la subjetividad desde un punto de vista fisiológico. Sin embargo, para Malabou, el daño cerebral ejemplifica una clase de trauma que no puede ser identificado, y mucho menos curado o revertido, empleando los recursos simbólicos del psicoanálisis o la filosofía. Si esto parece obvio, lo novedoso de la obra de Malabou consiste en considerar que las formas materiales descritas con precisión por la neurología son susceptibles de deconstrucción. Sus propiedades capacitantes y limitantes no pueden separarse unas de otras. Este elemento irreductiblemente material de nuestro ser y de nuestro sentido del yo y su capacidad de transformación radical constituye el meollo de lo que Malabou denomina «ontología del accidente».

El énfasis de Malabou en lo contingente la ha acercado a otro filósofo contemporáneo, Quentin Meillassoux (1967-), alumno de Badiou. Sin embargo, allí donde Meillassoux se propone fundamentar un nuevo racionalismo basado en «la necesidad de la contingencia», con el objetivo de superar la respuesta kantiana al desafío de Hume a la metafísica, Malabou considera que su trabajo es esencialmente posdeconstructivo. En otras palabras, el racionalismo no es una alternativa viable.

Lo que la filosofía debería hacer es, por el contrario, retener lo mejor de la deconstrucción y explorar la materialidad y lo efímero de las formas tal como nos las presentan las ciencias contemporáneas.

Filosofía política: «la revolución ha terminado»

La dimensión política del posalthusserianismo y el deconstruccionismo no es obvia a primera vista. En este sentido, está en las antípodas de un cierto estilo de filosofía política que, una vez más, apareció a la vez que el marxismo de posguerra pero cobraría una forma histórica propia. Los representantes contemporáneos más notorios de esta corriente son Marcel Gauchet y Pierre Rosanvallon. En ambos casos es posible remitir sus investigaciones en torno a las vicisitudes del republicanismo francés al legado de Claude Lefort (1924-2010), en colaboración con el expatriado griego Cornelius Castoriadis (1922-1997).

Miembros del Partido Comunista Francés al final de la Segunda Guerra Mundial, Lefort y Castoriadis representaban su ala trotskista, y en fecha tan temprana como 1948, cuando formaron el movimiento Socialisme ou Barbarie y su revista homónima, se distanciaron de cualquier corriente marxista reconocida oficialmente. Convencido de que el estalinismo continuaría sin Stalin, Lefort se dedicó a investigar la historia del pensamiento político bajo la dirección de Maurice Merleau-Ponty. La tesis doctoral de Lefort sobre Maquiavelo era un ambicioso volumen proustiano que investigaba cómo la estabilidad política era siempre una tarea inacabada, habida cuenta de la inexistencia de autoridad trascendente alguna. Los grandes temas de su maestro impregnaron la obra: el escepticismo ante los planteamientos totalizadores y la atención fenomenológica a la experiencia política que brota del encuentro entre sujetos antagónicos (y a menudo hostiles).

En la colaboración de Lefort con Castoriadis podemos percibir ecos de estas ideas, influenciadas también por la conceptualización de la subjetividad fracturada de Lacan, lo que las distanciaría del enfoque estructural de los althusserianos. Los escritos posteriores de Lefort en torno a la soberanía en la era moderna giraron cada vez de modo más frecuente en torno a la idea de que la democracia se fundamenta en un vacío irrepresentable e imposible de llenar. El totalitarismo surge de una tendencia, inherente a la propia democracia, a tapar este vacío, a reclamar una especie de legitimidad transhistórica para un programa político. El totalitarismo surge de una tendencia inherente a la propia democracia a ocluir este vacío, a reclamar una especie de legitimidad transhistórica para un programa político. El comunismo realmente existente estaba en el fondo de las preocupaciones de Lefort, pero fue asimismo revalorizado por los estudios historiográficos de los años setenta. En 1978, el historiador François Furet publicó un libro titulado *Pensar la Revolución francesa* que empezaba con la afirmación siguiente: «la Revolución ha terminado». La tesis de Furet era que dos siglos de debate sobre el significado de la Revolución habían sido suficientes, y que proseguir la investigación de la historia de esos acontecimientos mostraba que estos no debían explicarse teniendo en cuenta los factores socioeconómicos con frecuencia aducidos por las interpretaciones marxistas y conservadoras, sino como un caso de «descontrol» de la política y de sus posibilidades simbólicas. En efecto, Furet ofreció una interpretación lefortiana de la propia Revolución. Desde este punto de partida, el Terror habría sido la consecuencia de una suerte de supresión del espacio vacío producido tras ser destronado el rey. La democracia en cuanto ejercicio de oposición era intolerable e inestable. A su vez, la revuelta contra las estructuras políticas opresivas tendería siempre a producir nuevas formas de violencia. No pudiendo recurrir ya a la divinidad, la autoridad se convertiría en algo así como la propia «historia», y los actores políticos afirmarían haber adivinado sus tendencias. Afirmaciones como estas sobre el significado o el sentido de la historia son, con todo, las que tienden a garantizar la catástrofe política. El contexto de la Guerra Fría en esta obra es evidente.

La convergencia de la filosofía política de Lefort con la concepción furetiana de la historia hizo posible, en los años ochenta, la aparición de nuevas formas del pensamiento político de largo plazo que rompían con el marxismo y el antihistoricismo deconstruccionista. En 1984, Marcel Gauchet (1946-) publicó *El desencantamiento del mundo: una historia política de la religión*. Partiendo del diagnóstico de Max Weber sobre la modernidad, Gauchet invertía los términos del planteamiento marxista que considera la religión como expresión epifenoménica del conflicto social para postular que nuestra misma concepción de la sociedad es, ella misma, consecuencia de la transformación de la autoridad divina, anteriormente tenida por transcendente al mundo, en algo inmanente a él. A base de préstamos de

Foucault y de Lacan, Gauchet sentó las bases de una contrahistoria de la modernidad que dio lugar al estudio en cuatro volúmenes titulado *L'Avènement de la démocratie* («El advenimiento de la democracia», 2007-2017). En esta obra Gauchet indaga cómo hemos llegado a pensar que la democracia sea la única fuente posible de legitimidad política, y no porque pueda fundamentarse en una teoría que se base en derechos, sino precisamente porque carece de fundamento alguno.

Contestataria en su esencia, la democracia de Gauchet es como el *pharmakon* de Platón en la interpretación de Derrida, a la vez veneno y cura.

Le Débat y la revista de la Fondation Saint-Simon, publicaciones fundadas por Furet y Pierre Rosanvallon (1948-) en los años ochenta, difundieron la obra de Gauchet, asegurándole influencia. Al igual que Gauchet, Rosanvallon ha llegado a ser conocido por sus ambiciosos escritos históricos rebosantes de sensibilidad filosófica. Tras unos primeros trabajos orientados a la rehabilitación de pensadores subestimados de la historia del republicanismo francés, como Guizot y Tocqueville, Rosanvallon centró su trabajo en la historia de la democracia en Francia. Los títulos de sus obras sugieren los temas y la proximidad del legado intelectual de Lefort: *El pueblo inalcanzable* (1998), *La democracia inconclusa* (2000), *La consagración del ciudadano* (2001). Los temas de la fractura y lo incompleto remiten en estas obras a otras escritas en clave deconstructiva o posalthusseriana. Es la sustancia histórica de estos estudios lo que los distingue; la apelación al registro histórico modera su tono especulativo.

Sin embargo, podría decirse que el rasgo más característico de las obras de Gauchet y Rosanvallon es haber devuelto la cuestión de la religión al centro de la política. La profunda ironía de la afirmación de Furet de que «la Revolución ha terminado» reside en que la naturaleza del debate sobre la legitimidad política de la autoridad religiosa ausente parece tan candente y en entredicho como siempre. También pone de relieve la persistencia de los temas cristianos en la filosofía francesa desde principios de la Edad Moderna hasta el presente. En ninguna parte es esto más evidente que en el estatuto de la fenomenología contemporánea en Francia.

¿Un giro teológico?

En 1991, Dominique Janicaud publicó un texto breve y polémico titulado *El giro teológico de la fenomenología francesa*. Aunque la fenomenología habría sido laica o, en todo caso, agnóstica en su formulación original, la preocupación de Janicaud era que la fenomenología en Francia había dirigido su atención hacia fenómenos que, precisamente, no son perceptibles por los sentidos. Pese a que en su libro de 1932 Jean Wahl había instado a sus compatriotas a un viraje «a lo concreto», la fenomenología se había alejado del mundo virando precisamente hacia aquellas áreas que se diría están más allá del ámbito de la descripción fenomenológica. ¿Cómo pudo suceder algo así?

Según Janicaud, Merleau-Ponty habría sido el filósofo francés más fiel al programa de la fenomenología. Ni su interés tardío en las artes le habría desviado nunca de su atención a lo sensible, ámbito esencial de su quehacer. Por el contrario, los principales estudios de su contemporáneo Emmanuel Levinas (1906-1990), a saber, *Totalidad e infinito*

(1961) y *De otro modo que ser* (1974), habrían llevado la fenomenología por derroteros distintos. Frente a Heidegger,
ambas obras postulaban que la relación ética con «el Otro»
era anterior a todas las demás, incluso a nuestra relación
con nosotros mismos en cuanto seres temporales. Pero era
esencial a la obra de Levinas la noción de que «el Otro» no
pudiese ser objeto de representación; el otro estaría, en ese
sentido, «más allá del ser». Podemos investigar fenomenológicamente esta relación, pero lo que encontramos es que
uno de sus lados parece situarse en un espacio incognosci-
ble en términos positivos. Levinas, buen conocedor del
pensamiento judío, introdujo temas del Talmud en sus investigaciones fenomenológicas, pareciendo abrir así la
puerta al diálogo entre la fenomenología y la teología nega-
tiva. En una de sus primeras obras, en la que reflexiona sobre la «violencia», Derrida piensa que esta seguía teniendo
un peso excesivo en la metafísica de Levinas, pese a lo cual
es indudable que la obra de este tuvo una influencia más
positiva en las indagaciones tardías de Derrida en torno a
la religión.

Además de Levinas, otra personalidad vinculada al giro
teológico es Paul Ricoeur (1913-2005), destacado intérprete
de Freud, entre otras cosas. Sin embargo, cualesquiera fuesen los aspectos religiosos de su proyecto, Ricoeur los dejó
por lo general sin formular o, cuando menos, al margen de
su análisis fenomenológico. No era necesario que los lectores compartieran las convicciones protestantes de Ricoeur
para que sus obras sobre el tiempo, la narración, la historia
y la memoria les resultaran esclarecedores.

A este respecto, un caso distinto del de Ricoeur es el de
Michel Henry (1922-2002), en cuya «fenomenología de la

vida» Janicaud vio una traición a la fenomenología, tanto más preocupante cuanto soterrada, cuyo objetivo sería el de ponerla al servicio de la teología.

La primera gran obra de Henry, *La esencia de la manifestación*, apareció en 1963. Henry sostenía que la tradición fenomenológica, desde Husserl hasta Heidegger, Sartre y Scheler, seguía cautiva de lo que Henry denominaba «monismo ontológico». Lo que Henry quería decir con esto era que, aunque alguien como Heidegger insistiera en la «diferencia ontológica» entre el ser como verbo y los seres como existentes, en última instancia el ser solo conocía una forma de aparecer, la de la trascendencia, es decir, el hecho del aparecer fuera de nuestra conciencia en el tiempo. Tendemos a pensar en la trascendencia como algo de otro mundo; para Henry, la trascendencia es precisamente la característica definitoria de este mundo, el mundo de la apariencia, ya que todo lo que se nos aparece aparece para trascendernos en su mismo aparecer.

Henry se basaba sin duda en el argumento fenomenológico (y quizá de sentido común) de que todo lo que se nos aparece aparece fuera de nosotros y en el tiempo. Pero lo que Henry argumenta a lo largo de cientos de páginas es que este tipo de ser —el ser del aparecer— solo existe en virtud de un tipo más primordial de ser que no aparece en absoluto: el ser de la «vida» en cuanto «autoafección». La vida, a juicio de Henry, es totalmente inmanente a sí misma y nunca sale de sí. Los intentos de la biología o la fisiología de describir la vida la malinterpretan en su esencia en la medida en que la convierten en un dato entre otros en el mundo; convierten en «trascendente» lo que, en definitiva, es «inmanente». Pero para Henry la vida es precisamente lo que no está en el mundo, porque es el hecho mismo de que el mundo aparezca. En este sentido, la vida es «la esencia de la manifestación».

Los temas teológicos del discurso de Henry, muy sugerentes, fueron perfilándose con cada una de sus obras siguientes, obras que interpretaron a Marx desde el propio discurso de Henry y desde una «genealogía del psicoanálisis» que se proponía mostrar la condición ocluida de la vida. En sus últimos años, los escritos de Henry abordaron explícitamente la teología. En *Yo soy la verdad: para una filosofía del cristianismo*, obra de 1996, Henry interpretó la tradición cristiana como interlocutora de la «verdad de la vida» entendida en contraposición a la «verdad del mundo». En escritos de esa misma época, Henry afirmó que, tras el fracaso del estructuralismo y otras modas de las ciencias humanas, «la fenomenología parece ser, cada vez más, el movimiento del pensamiento de nuestro tiempo. El *retorno de Husserl* es el retorno de la capacidad de inteligir».

Henry pensaba que el fenomenológico y el teológico son proyectos distintos pero complementarios. La distinción entre ambos ha sido repetidamente defendida por la última figura de la que se ocupa Janicaud en la obra mencionada, que es también uno de los filósofos vivos más respetados de Francia: Jean-Luc Marion (1946-). Marion se dio a conocer gracias a una serie de estudios sobre Descartes y a una obra que ha llegado a ser fundamental para la teología posmoderna titulada *Dios sin ser* (1981). Partiendo de ideas que se remontan al menos a Tomás de Aquino, Marion argumentaba que, dado que ningún predicado es adecuado a Dios, ni siquiera el mismo ser, en su misma esencia Dios es sin ser. El hecho de la existencia —del ser en sí mismo— no puede explicarse apelando al ser.

Además de la especialización en Descartes y su conocimiento teológico, el tercer componente que define la carrera de Marion es el fenomenológico. En una sucesión de obras que atestiguan su deuda con Henry, Marion ha argumentado que, después de Husserl y Heidegger, es necesaria una tercera reducción fenomenológica. Husserl redujo los fenómenos a su dependencia de la conciencia intencional. Heidegger fue más allá al reducirlos a consecuencias de nuestra finitud. Marion afirma que una tercera reducción tratará al fenómeno como materia del puro estar dado. Una vez que todas las particularidades sensibles de un fenómeno han sido puestas entre paréntesis, lo que queda es el hecho mismo de que ese fenómeno es algo dado. Marion se ha valido de este método para analizar toda clase de actividades cotidianas y de artes. Pero su propósito último es emplear la fenomenología de lo dado para dar sentido a lo que él denomina «fenómenos saturados». Se trata de fenómenos tan desbordantes, tan fuera del alcance de la captación conceptual, que no pueden representarse en absoluto. Ciertas obras de arte o la experiencia del amor podrían adecuarse a esta descripción. Pero, para Marion, el *locus classicus* del fenómeno saturado es el de la revelación.

El catolicismo de Marion no es en absoluto algo solapado. Ha sido asesor del papa Benedicto XVI y ha hablado siempre muy abiertamente de sus convicciones religiosas. Las preocupaciones de Janicaud sobre el giro teológico de la fenomenología francesa remiten a las preocupaciones que han acompañado a la filosofía francesa moderna durante siglos en su aparente incapacidad para enfrentarse al peso de la tradición religiosa. Pero también hay un número considerable de obras escritas por fenomenólogos franceses, Renaud Barbaras (1955-) y Claude Romano (1967-), por ejemplo, que, si bien dialogan con la tendencia representada por Marion, en absoluto se agotan en su orientación religiosa. De hecho, la obra de Romano ha procurado facilitar el diálogo de la fenomenología con la filosofía analítica de, por ejemplo, Donald Davidson o John McDowell en asuntos que ambas han planteado de modo análogo, como los del significado o la representación. El aprecio de Henry por la fenomenología tiene un cierto regusto a apología en el sentido teológico, que sin duda irritará a quienes piensan que la fenomenología ha quedado atrapada en una agenda teológica. Pero su idea de que parece ser «el movimiento de pensamiento de nuestro tiempo» expresa en realidad algo de su estatus en la Francia contemporánea, donde la fenomenología parece ser el programa de investigación más avanzado y prolífico.

No deja de ser irónico, dado que buena parte de la filosofía francesa del siglo XX fue una reacción al impacto de la fenomenología y que muchos de los proyectos filosóficos más ambiciosos —desde el marxismo de Althusser hasta la deconstrucción de Derrida— fueron, en sí mismos, intentos de articular alternativas al horizonte filosófico abierto por Husserl y Heidegger. Pero la orientación histórica se mantiene firme, quizá de modo incondicional, en la filosofía francesa.

Y si a la Edad Moderna parece definirla una sucesión de conflictos —entre objetividad y subjetividad, razón y afecto, ciencia y religión—, la filosofía francesa parece estar destinada a seguir siendo un campo de batalla entre tendencias que, si la historia sirve de guía, parecen depender unas de otras.

8. Conclusión

En un ensayo de 1958 sobre la historia de la psicología como disciplina, Georges Canguilhem observó que cuando se sale de la Sorbona a la calle Saint-Jacques, se tienen dos opciones: caminar hacia la colina y llegar al Panteón o elegir la otra dirección hasta toparse con la Prefectura de Policía. Aun siendo luminosa, la metáfora no era particularmente sutil: las ciencias humanas en Francia tienen el potencial necesario para alcanzar la grandeza, pero pueden con facilidad acabar convirtiéndose en instrumentos de control al servicio del poder del Estado.

El Panteón domina el Barrio Latino, en el que radica la mayoría de las instituciones educativas de París. Concebido como una iglesia, su construcción concluye más o menos en el momento en que sucede la Revolución francesa. Pronto se reestructuró como mausoleo secular en honor del gran pueblo francés. En el transcurso de la tumultuosa historia de París, ha recuperado varias veces su función religiosa, asumiendo hoy el papel de monumento a la grandeza intelectual y política de Francia. En su interior podemos ver en la actualidad el péndulo de Foucault, que prueba que la Tierra gira sobre su eje. Si se baja a la cripta, pueden visitarse las tumbas de varios hombres de Estado, vecinas de las de Pierre y Marie Curie, los novelistas Victor Hugo y Émile Zola y el gran *philosophe* de la Ilustración, el marqués de Condorcet. Un lugar más destacado ocupan las tumbas de Voltaire y Jean-Jacques Rousseau.

Junto al Panteón se encuentra Saint-Étienne du Mont, una iglesia gótica que data del siglo XV, si bien el lugar mismo fue desde el siglo VI sede de una capilla. La iglesia alberga el relicario de Sainte-Geneviève, patrona de París, en cuyo honor se edificó originalmente el Panteón. Hoy en día los devotos peregrinan al monte Sainte-Geneviève —la colina en la que se encuentran la iglesia y el Panteón— para honrar su memoria. En este edificio hay también otras tumbas. Además de los restos de la patrona de París, están los del gran dramaturgo del siglo XVII Jean Racine y, de la misma época, los de Blaise Pascal, médico, matemático, teólogo católico y filósofo.

El Panteón empequeñece a Saint-Étienne du Mont. Desplazándola fuera de la plaza del Panteón, parece empujarla colina abajo, en dirección al Sena. Lo cierto es, sin embargo, que la iglesia, obstinadamente, sigue ahí. Y aunque las tumbas de Voltaire y Rousseau se exhiben con orgullo a mayor gloria de la Francia laica, los restos de Pascal, identificables por un modesto epitafio, no están lejos.

Este ejemplo de planificación urbana puede enseñarnos algo sobre la filosofía francesa, la histórica y la actual. Siglos de innovación han buscado el modo de desplazar la autoridad de la Iglesia en los ámbitos de la ciencia, la política y la filosofía. Pero tal desplazamiento sigue hoy pendiente. Los estudiantes de los principales institutos de París pasan por delante del Panteón y de Saint-Étienne du Mont mientras se preparan para sus exámenes. Al igual que los estudiantes de todo el país, deben cursar una asignatura final de filosofía para obtener su título.

En 1990, Pierre Macherey escribió un ensayo en el que intentó definir *la philosophie à la française.* Prescindiendo de los puntos en común entre la lengua y los indicadores culturales —como los que se emplean para distinguir a la cocina francesa—, el autor llegaba a una conclusión que recordaba a las preocupaciones de Canguilhem varias décadas antes. La filosofía francesa se caracteriza y se ha caracterizado primeramente por la forma en que los franceses la practican, es decir, a través de instituciones que por lo general guardan alguna relación con el Estado-nación. Esto es perceptible en la centralidad de la filosofía en la educación. Pero también en la amplitud del espectro de subvenciones y organizaciones patrocinadas por el Estado que financian la investigación filosófica en Francia hasta el día de hoy. Y puesto que la historia del Estado francés está marcada por la controversia y por las preguntas esenciales en torno a la posibilidad de fundar una legitimidad no religiosa, es lógico que la filosofía francesa se caracterice por rasgos similares, a pesar de la omisión de Saint-Étienne du Mont en la cartografía de Canguilhem.

Bibliografía

Las obras enunciadas en esta sección son fuentes primarias que han sido citadas directamente o mencionadas de algún modo en el texto. Cuando existe, se ha citado una traducción al castellano. Las fuentes secundarias se encuentran en la sección de Lecturas adicionales.

2. El origen de la filosofía francesa

CHARRON, P., *De la sabiduría*. Buenos Aires: Losada, 1948.

DESCARTES, R., *The Philosophical Writings* (3 vols., Cambridge: Cambridge University Press, 1985-1991).

—, *The World and other Writings* (Cambridge: Cambridge University Press, 1998 [ed. cast.: *El Mundo o el Tratado de la Luz*. Madrid: Alianza Editorial, 2019]).

MALEBRANCHE, N., *Acerca de la investigación de la verdad.* (Salamanca: Sígueme, 2009).

MONTAIGNE, M. de, *Ensayos completos.* Madrid: Cátedra, 2013.

3. Filosofía radical: el siglo XVIII

D'ALEMBERT, J., *Discurso preliminar de la Enciclopedia* (Barcelona: Orbis, 1985).

CONDILLAC, E., *Ensayo sobre el origen de los conocimientos humanos* (Madrid: Tecnos, 1999).

DIDEROT, D., *El sobrino de Rameau*. Barcelona: Verticales de Bolsillo, 2008.

–, El *sueño de D'Alembert*. Madrid: Compañía Literaria, 2002.

LOCKE, J., *Ensayo sobre el entendimiento humano* (México: Fondo de Cultura Económica, 2019).

ROUSSEAU, J.-J., *Escritos políticos* (Madrid: Trotta, 2006).

4. La filosofía posrevolucionaria: el siglo XIX y la Tercera República

BERGSON, H., *Materia y memoria* (Salamanca: Sígueme, 2021).

BRUNSCHVICG, L., *Las etapas de la filosofía matemática* (Buenos Aires: Lautaro, 1945).

COMTE, A., *The Positive Philosophy of August Comte* (3 vols., Cambridge: Cambridge University Press, 2009 [ed. cast.: *Curso de filosofía positiva*. Madrid: Magisterio Español, 1987]).

CONDORCET, N. de, *Political Writings* (Cambridge: Cambridge University Press, 2012).

LIVELY, J. (ed.), *The Works of Joseph de Maistre* (Nueva York: MacMillan, 1965).

RAVAISSON, F., *Del hábito* (Buenos Aires: Cactus, 2018).

5. La filosofía en tiempos de guerra: la fenomenología y el existencialismo

BEAUVOIR, S. de, *El segundo sexo* (Madrid: Cátedra, 2017).

CAVAILLÈS, J., *Sur la logique et la théorie de la science* (París: Vrin, 2000).

FOUCAULT, M., «Life: Experience and Science», en James D. Faubion (ed.), *Aesthetics, Method, and Epistemology* (Nueva York: The New Press, 1998).

HUSSERL, E., *Meditaciones cartesianas* (Madrid: Cátedra, 2006).

KOJÈVE, A., *Introducción a la lectura de Hegel* (Madrid: Trotta, 2016).

MERLEAU-PONTY, M., *La duda de Cézanne* (Madrid: Casimiro Libros, 2012).

—, *Fenomenología de la percepción* (Barcelona: Península, 1975).

SARTRE, J.-P., *El ser y la nada* (Madrid: Alianza Editorial, 1989).

—, *La náusea* (Madrid: Alianza Editorial, 2011).

6. Tiempo de desasosiego: el estructuralismo y el posestructuralismo

ALTHUSSER, L., *Pour Marx. París: La Découverte, 2005.*

DELEUZE, G., *Diferencia y repetición* (Buenos Aires: Amorrortu, 2002).

DELEUZE, G., y F., *Anti Edipo: Capitalismo y esquizofrenia* (Barcelona: Paidós, 1985).

DERRIDA, J., *La escritura y la diferencia* (Barcelona: Anthropos, 1989).

—, *De la gramatología* (México: Siglo XXI, 2003).

FOUCAULT, M., *Las palabras y las cosas, Una arqueología de las ciencias* (México: Siglo XXI, 2022).

IRIGARAY, L., *Espéculo de la otra mujer* (Madrid: Akal, 2007).

LACAN, J., *Escritos* (México: Siglo XXI, 2009).

RABINOW, P. (ed.), *The Foucault Reader* (Nueva York: Pantheon Books, 1984).

7. La filosofía francesa hoy: ambiciones contrapuestas

BADIOU, A., *El ser y el acontecimiento* (Buenos Aires: Manantial, 1999).

—, *La aventura de la filosofía francesa* (Madrid: Eterna Cadencia Editora, 2024).

—, *San Pablo: La fundación del universalismo* (Barcelona: Anthropos, 1999).

GAUCHET, M., *El desencantamiento del mundo: Una historia política de la religión* (Madrid: Trotta, 2005).

HENRY, M., *La esencia de la manifestación* (Salamanca: Sígueme, 2015).

—, *Yo soy la verdad. Para una filosofía del cristianismo* (Salamanca: Sígueme, 2001).

—, *Fenomenología material* (Madrid: Encuentro, 2009).

JANICAUD, D., *et al.*, *Phenomenology and the Theological Turn: The French Debate* (Nueva York: Fordham University Press, 2001).

LEFORT, C., *Le travail de l'œuvre Machiavel* (París: Gallimard, 1972).

MALABOU, C., *El porvenir de Hegel: Plasticidad, temporalidad, dialéctica* (Buenos Aires: La Cebra, 2013).

—, *Los nuevos heridos* (México: Paradiso Editores, 2019).

—, *¿Qué hacer con nuestro cerebro* (Madrid: Arena Libros, 2013).

MARION, J.-L. *Siendo dado: Ensayo para una fenomenología de la donación* (Madrid: Síntesis, 2008).

—, *Dios sin el ser* (Castellón: Ellago, 2010).

MEILLASSOUX, Q., *Después de la finitud: Ensayo sobre la necesidad de la contingencia* (Buenos Aires: Caja Negra, 2016).

RANCIÈRE, J., *Aisthesis: Escenas del régimen estético del arte* (Santander: Shangrila, 2014).

—, *La noche de los proletarios. Archivos del sueño* (Buenos Aires: Tinta Limón, 2017).

–, *El filósofo y sus pobres* (Buenos Aires: Universidad Nacional de General Sarmiento, 2013).

ROMANO, C., *Au cœur de la raison: la phénoménologie* (París: Gallimard, 2010).

ROSANVALLON, P*., El modelo político francés: La sociedad civil contra el jacobismo, de 1789 hasta nuestro días* (Buenos Aires: Siglo XXI, 2008).

STIEGLER, B., *La técnica y el tiempo, I: El pecado de Epimeteo* (Hondarribia: Hiru, 2003).